¡Yo no fui!

¡Yo no fui!

QUINO

Lumen

Papel certificado por el Forest Stewardship Council®

MIXTO
Papel | Apoyando la silvicultura responsable
FSC® C117695

Penguin Random House Grupo Editorial

Primera edición con este formato: julio de 2024

Printed in Spain – Impreso en España

ISBN: 978-84-264-3112-7
Depósito legal: B-9157-2024

Compuesto en M. I. Maquetación, S. L.
Impreso en Índice, S. L., Barcelona

H 4 3 1 1 2 7

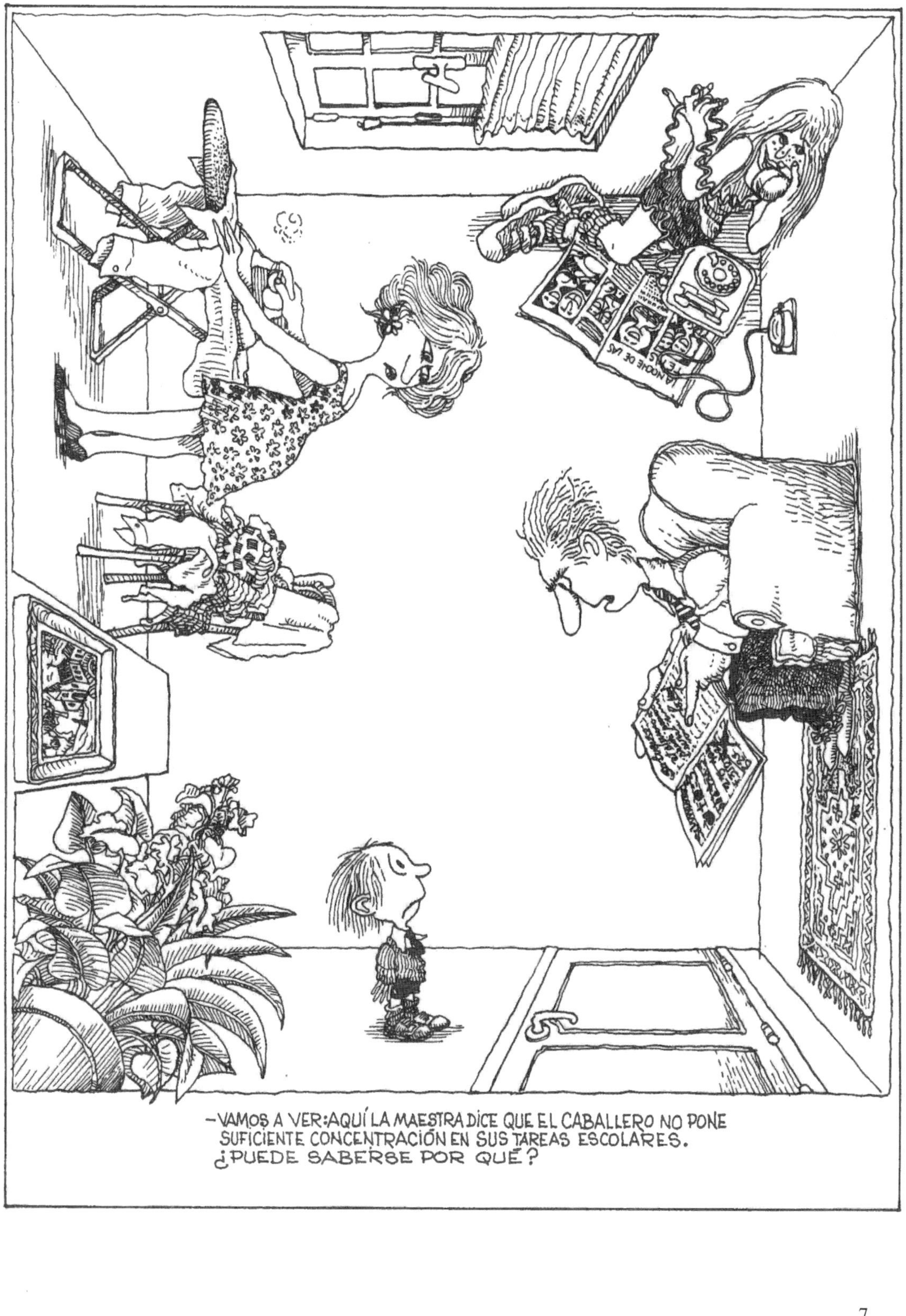

—VAMOS A VER: AQUÍ LA MAESTRA DICE QUE EL CABALLERO NO PONE SUFICIENTE CONCENTRACIÓN EN SUS TAREAS ESCOLARES. ¿PUEDE SABERSE POR QUÉ?

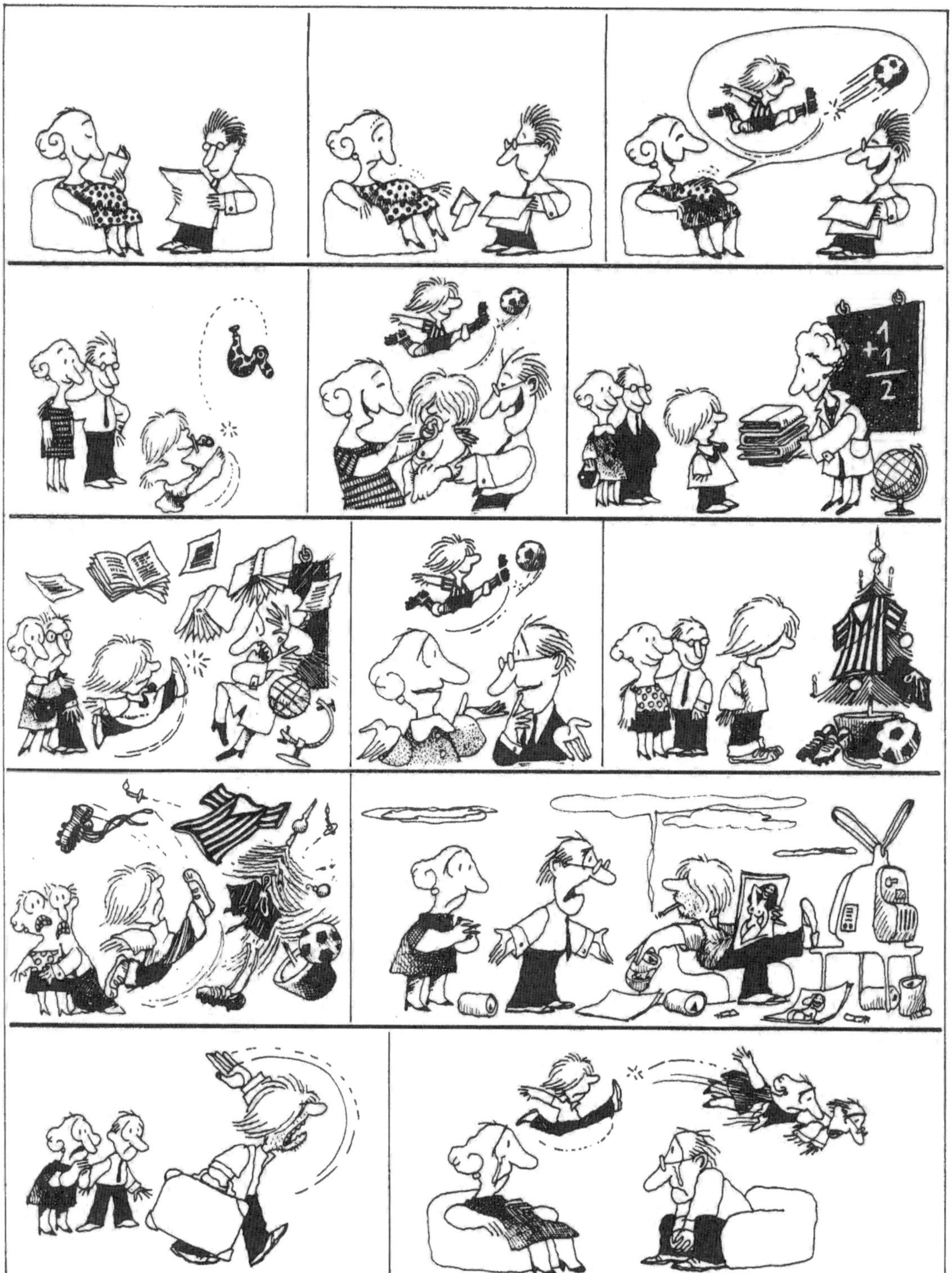
1
+1
2

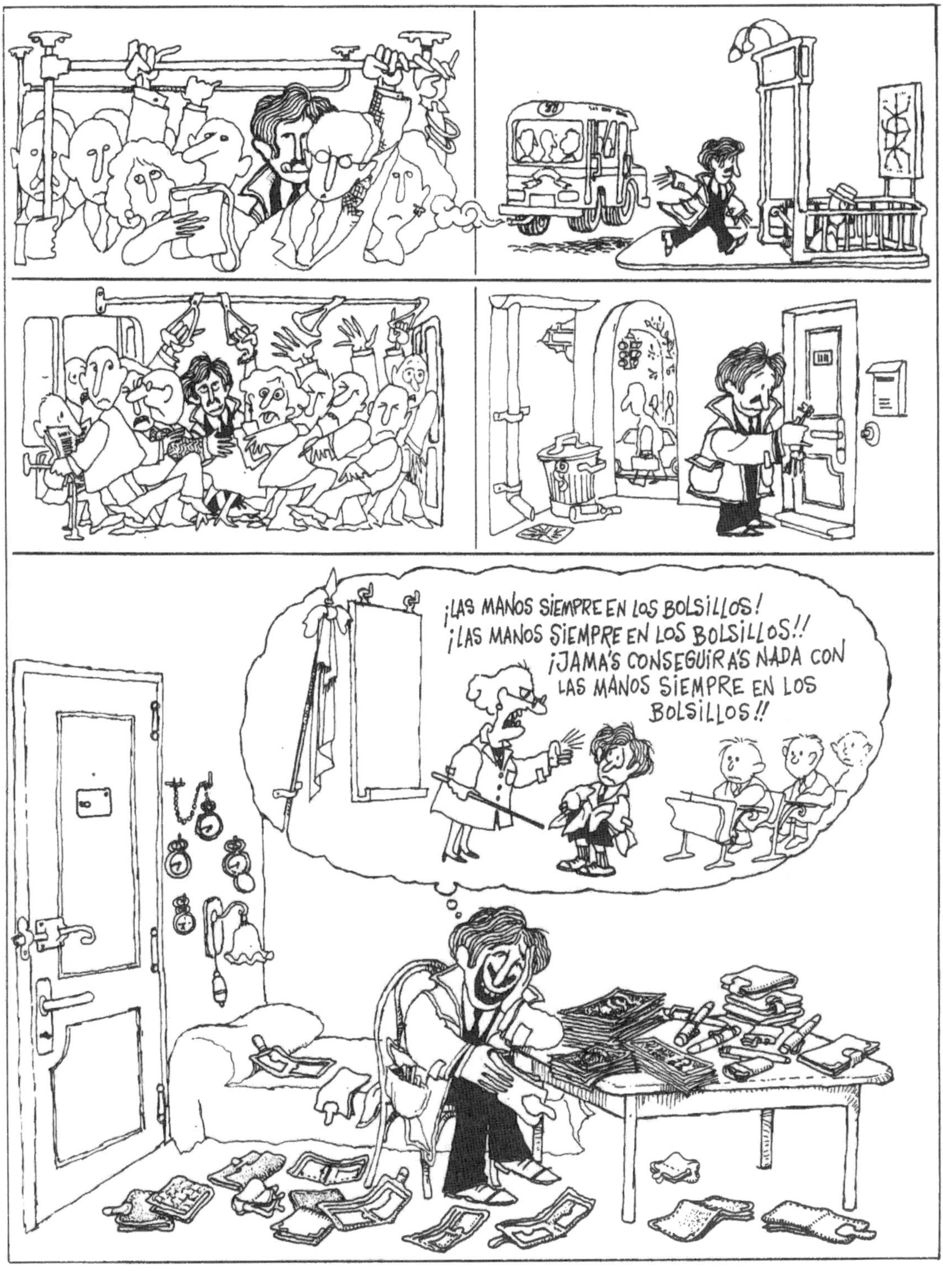
¡LAS MANOS SIEMPRE EN LOS BOLSILLOS!
¡LAS MANOS SIEMPRE EN LOS BOLSILLOS!!
¡JAMÁS CONSEGUIRÁS NADA CON LAS MANOS SIEMPRE EN LOS BOLSILLOS!!

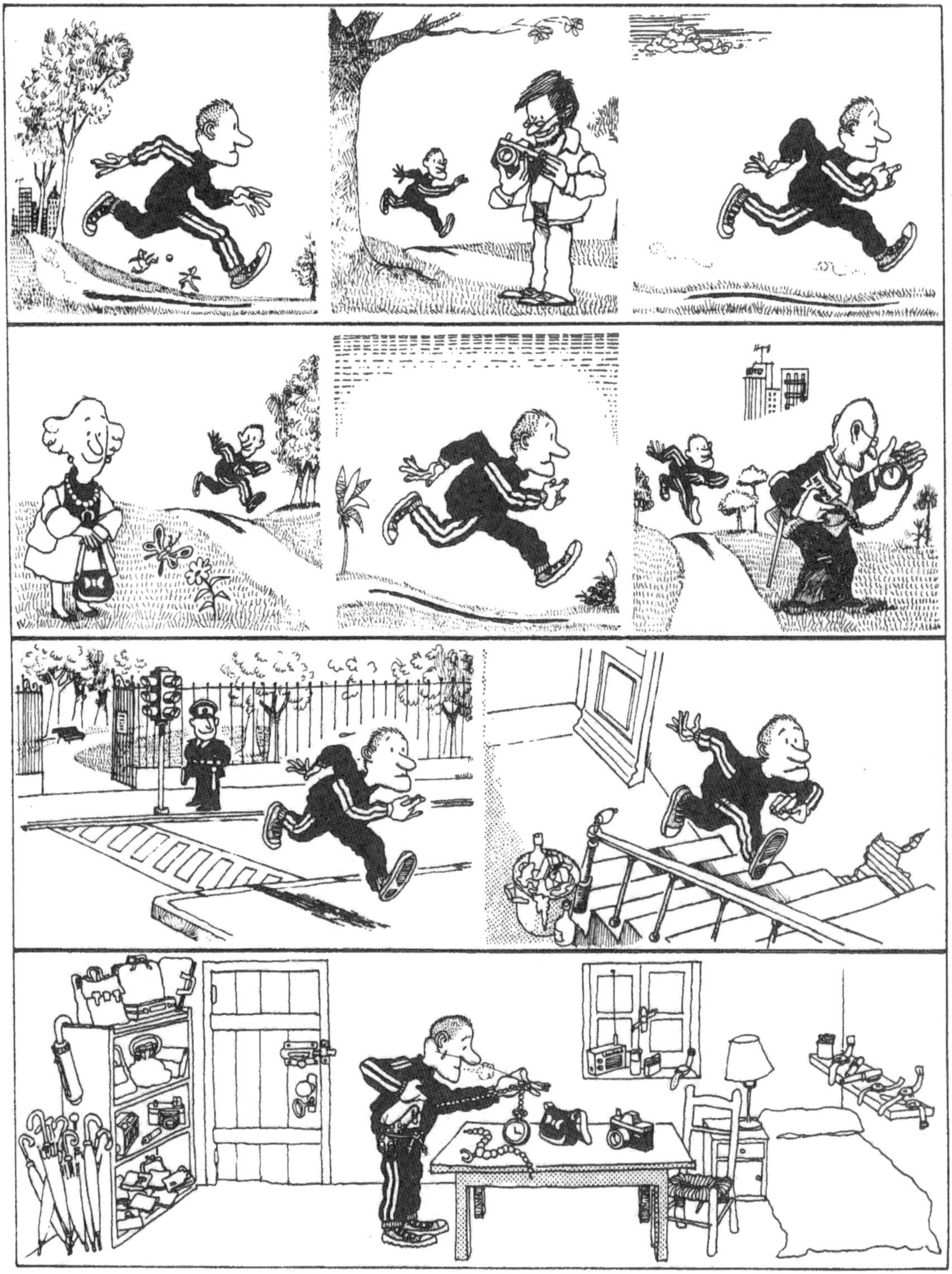

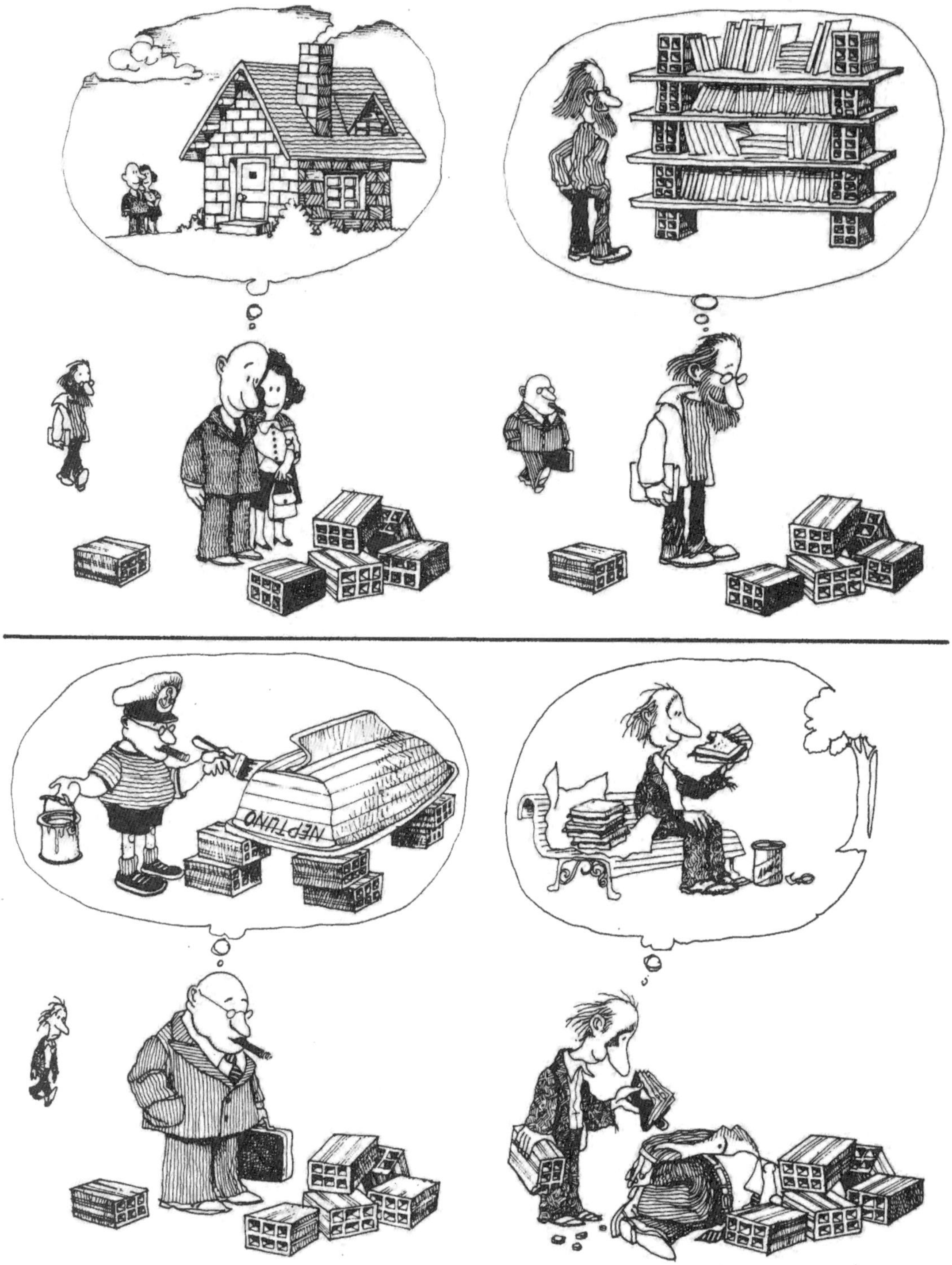
NEPTUNO

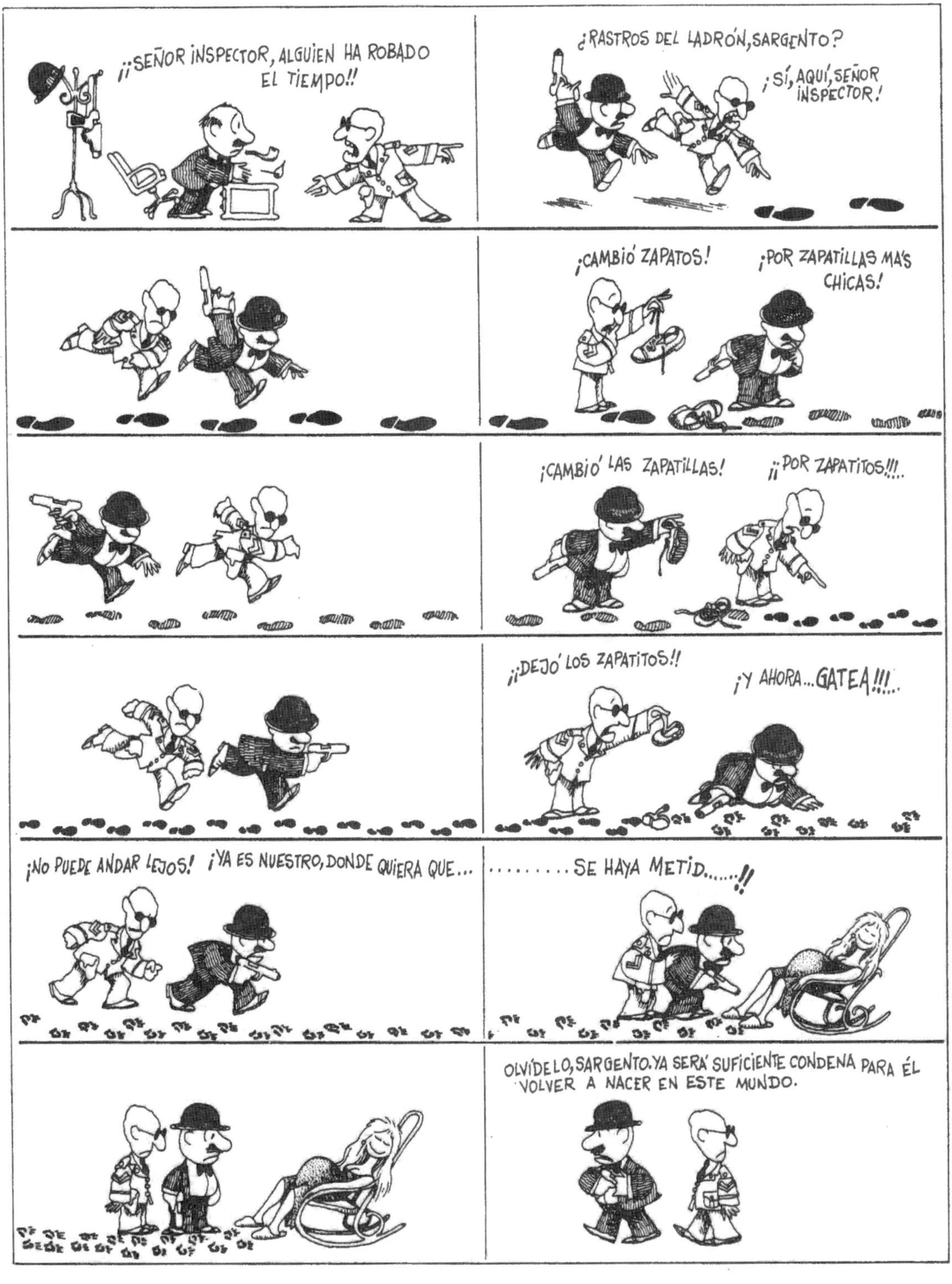

¡¡SEÑOR INSPECTOR, ALGUIEN HA ROBADO EL TIEMPO!!
¿RASTROS DEL LADRÓN, SARGENTO?
¡SÍ, AQUÍ, SEÑOR INSPECTOR!
¡CAMBIÓ ZAPATOS!
¡POR ZAPATILLAS MÁS CHICAS!
¡CAMBIÓ LAS ZAPATILLAS!
¡¡POR ZAPATITOS!!!..
¡¡DEJÓ LOS ZAPATITOS!!
¡Y AHORA...GATEA!!!...
¡NO PUEDE ANDAR LEJOS!
¡YA ES NUESTRO, DONDE QUIERA QUE...
.........SE HAYA METID......!!
OLVÍDELO, SARGENTO. YA SERÁ SUFICIENTE CONDENA PARA ÉL VOLVER A NACER EN ESTE MUNDO.

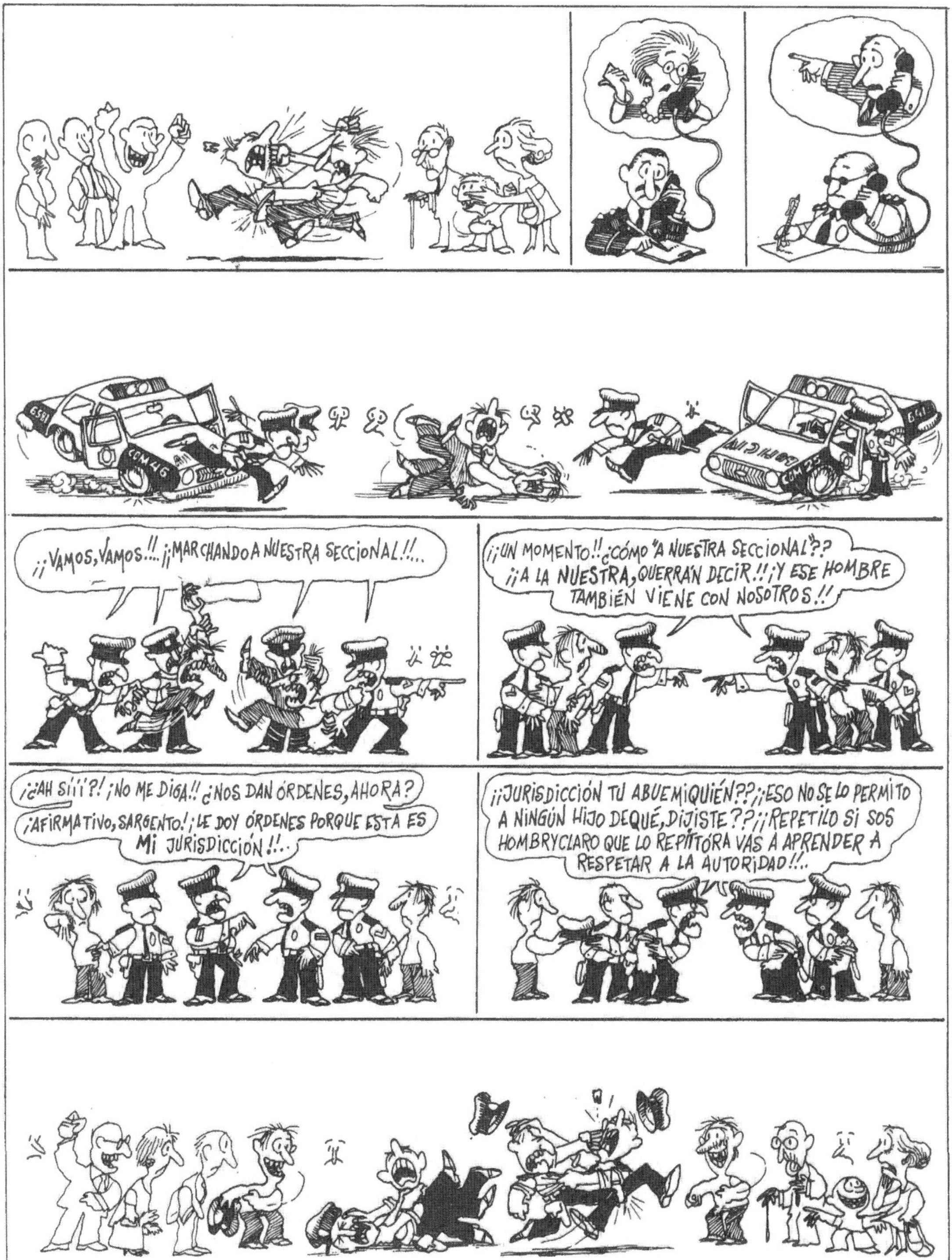

¡¡VAMOS, VAMOS...!! ¡¡MARCHANDO A NUESTRA SECCIONAL!!...
¡¡UN MOMENTO!! ¿CÓMO "A NUESTRA SECCIONAL"?? ¡¡A LA NUESTRA, QUERRÁN DECIR!! ¡Y ESE HOMBRE TAMBIÉN VIENE CON NOSOTROS!!
¡¿AH SIII?! ¡NO ME DIGA!! ¿NOS DAN ÓRDENES, AHORA?
¡AFIRMATIVO, SARGENTO! ¡LE DOY ÓRDENES PORQUE ESTA ES MI JURISDICCIÓN!!..
¡¡JURISDICCIÓN TU ABUEMIQUIÉN?? ¡¡ESO NO SE LO PERMITO A NINGÚN HIJO DEQUÉ, DIJISTE?? ¡¡REPETILO SI SOS HOMBRYCLARO QUE LO REPITTORA VAS A APRENDER A RESPETAR A LA AUTORIDAD!!..

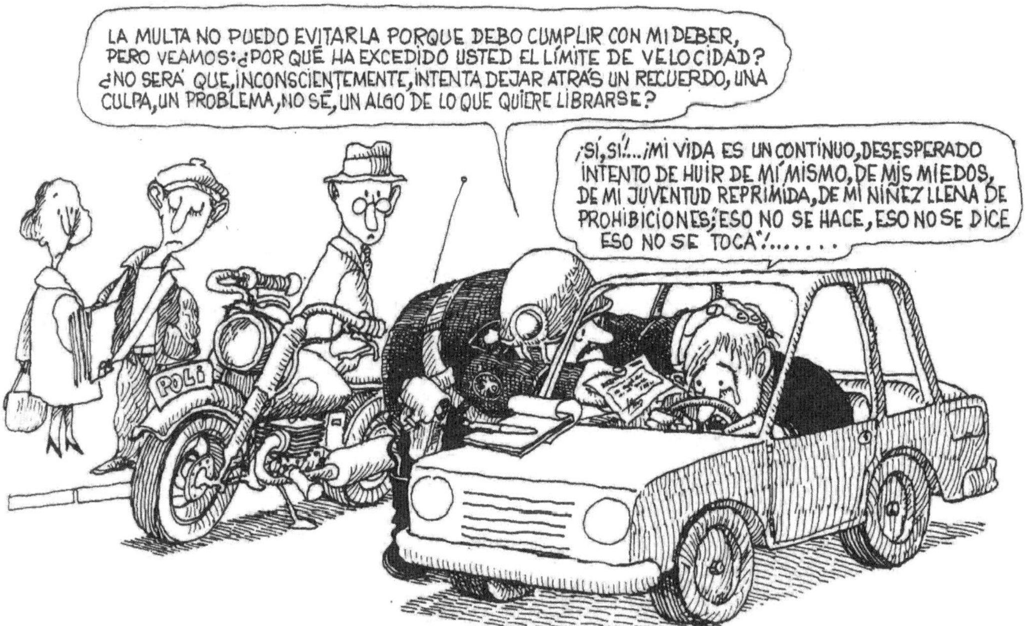
LA MULTA NO PUEDO EVITARLA PORQUE DEBO CUMPLIR CON MI DEBER, PERO VEAMOS: ¿POR QUÉ HA EXCEDIDO USTED EL LÍMITE DE VELOCIDAD? ¿NO SERÁ QUE, INCONSCIENTEMENTE, INTENTA DEJAR ATRÁS UN RECUERDO, UNA CULPA, UN PROBLEMA, NO SÉ, UN ALGO DE LO QUE QUIERE LIBRARSE?
¡SÍ, SÍ!... ¡MI VIDA ES UN CONTINUO, DESESPERADO INTENTO DE HUIR DE MÍ MISMO, DE MIS MIEDOS, DE MI JUVENTUD REPRIMIDA, DE MI NIÑEZ LLENA DE PROHIBICIONES; "ESO NO SE HACE, ESO NO SE DICE ESO NO SE TOCA"!.......
POLI

¡HALT!!

APURADO, EL CABALLERO ¡CARNET DE CONDUCTOR, POR FAVOR!

NO TENGO. ¡NI SIQUIERA TENGO AUTO!...

¡GRAVE, AMIGO, MUY GRAVE! NO CONDUCIR VEHÍCULO ALGUNO EN ZONA RESERVADA A AUTOMOTORES Y, ENCIMA, SIN DOCUMENTO QUE LO AUTORICE... ¡MUY GORDA, LA COSA!

CLICK!

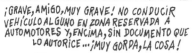

AGRADEZCA QUE NO PUEDO SECUESTRARLE NI VEHÍCULO NI CARNET, PERO DEBERÁ COMPARECER ANTE EL SR. JUEZ DE FALTAS....

...QUIEN LE NOTIFICARÁ SU SENTENCIA. ¡TENGA!

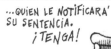

¿Y CIRCULAR A EXCESO DE IMAGINACIÓN POR SOCIEDAD CONSUMISTA, SERÁ PARA EL SR. JUEZ UN DELITO MUY GRAVE, DIGO YO?

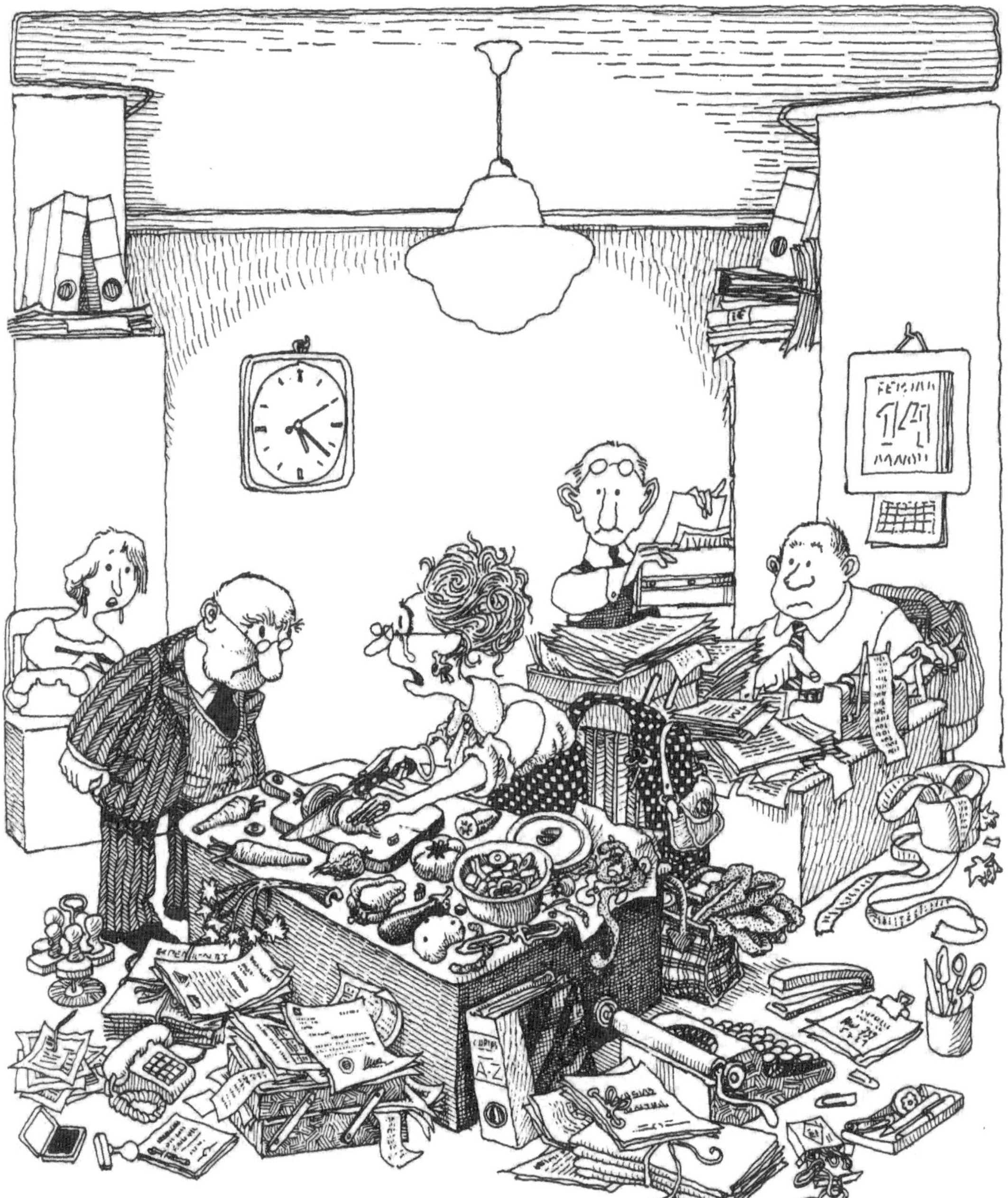
A-Z

–¡AH, CLARO, AHORA, "¡¿QUÉ HACE, GONZÁLEZ?!", "¡¿QUÉ HACE, GONZÁLEZ?!"... ¡PERO TODAS LAS VECES QUE GONZÁLEZ, LA ESTÚPIDA GONZÁLEZ, SE LLEVÓ TRABAJO DE LA OFICINA PARA HACERLO EN SU CASA, NADIE VINO A PREGUNTARLE "¡¿QUÉ HACE, GONZÁLEZ?!"...

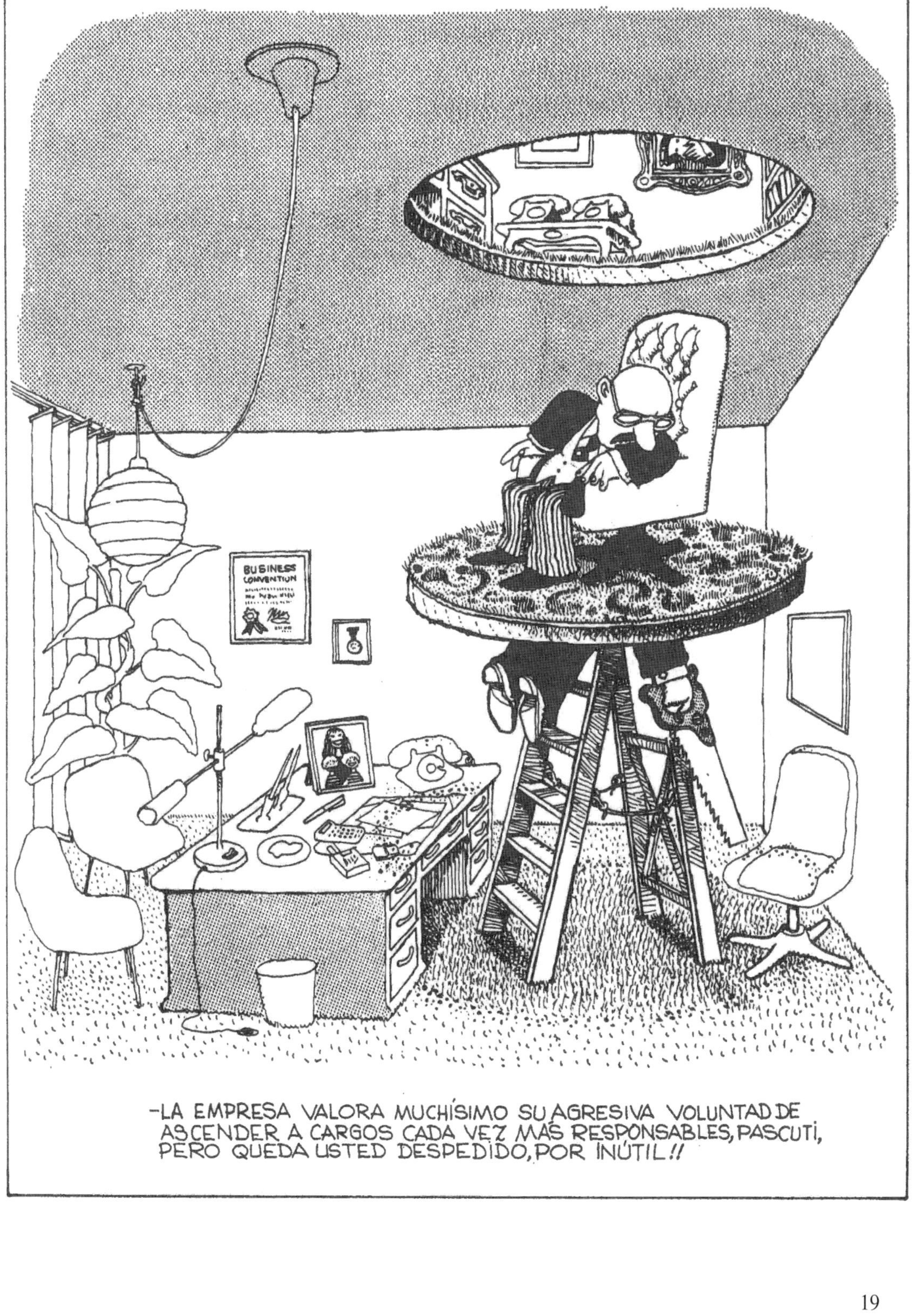
BUSINESS

–LA EMPRESA VALORA MUCHÍSIMO SU AGRESIVA VOLUNTAD DE ASCENDER A CARGOS CADA VEZ MÁS RESPONSABLES, PASCUTI, PERO QUEDA USTED DESPEDIDO, POR INÚTIL!!

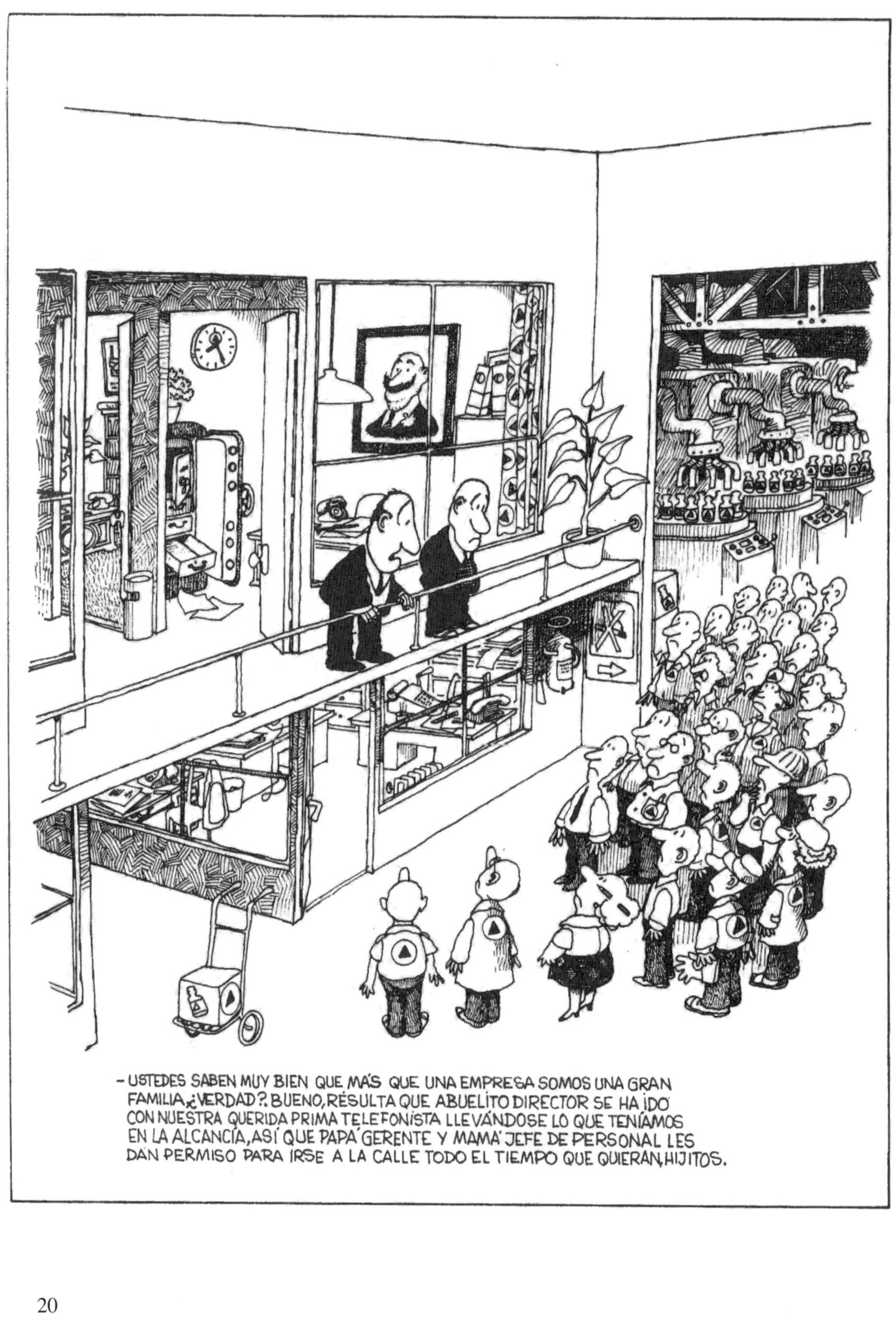

–USTEDES SABEN MUY BIEN QUE MÁS QUE UNA EMPRESA SOMOS UNA GRAN FAMILIA, ¿VERDAD?. BUENO, RESULTA QUE ABUELITO DIRECTOR SE HA IDO CON NUESTRA QUERIDA PRIMA TELEFONISTA LLEVÁNDOSE LO QUE TENÍAMOS EN LA ALCANCÍA, ASÍ QUE PAPÁ GERENTE Y MAMÁ JEFE DE PERSONAL LES DAN PERMISO PARA IRSE A LA CALLE TODO EL TIEMPO QUE QUIERAN, HIJITOS.

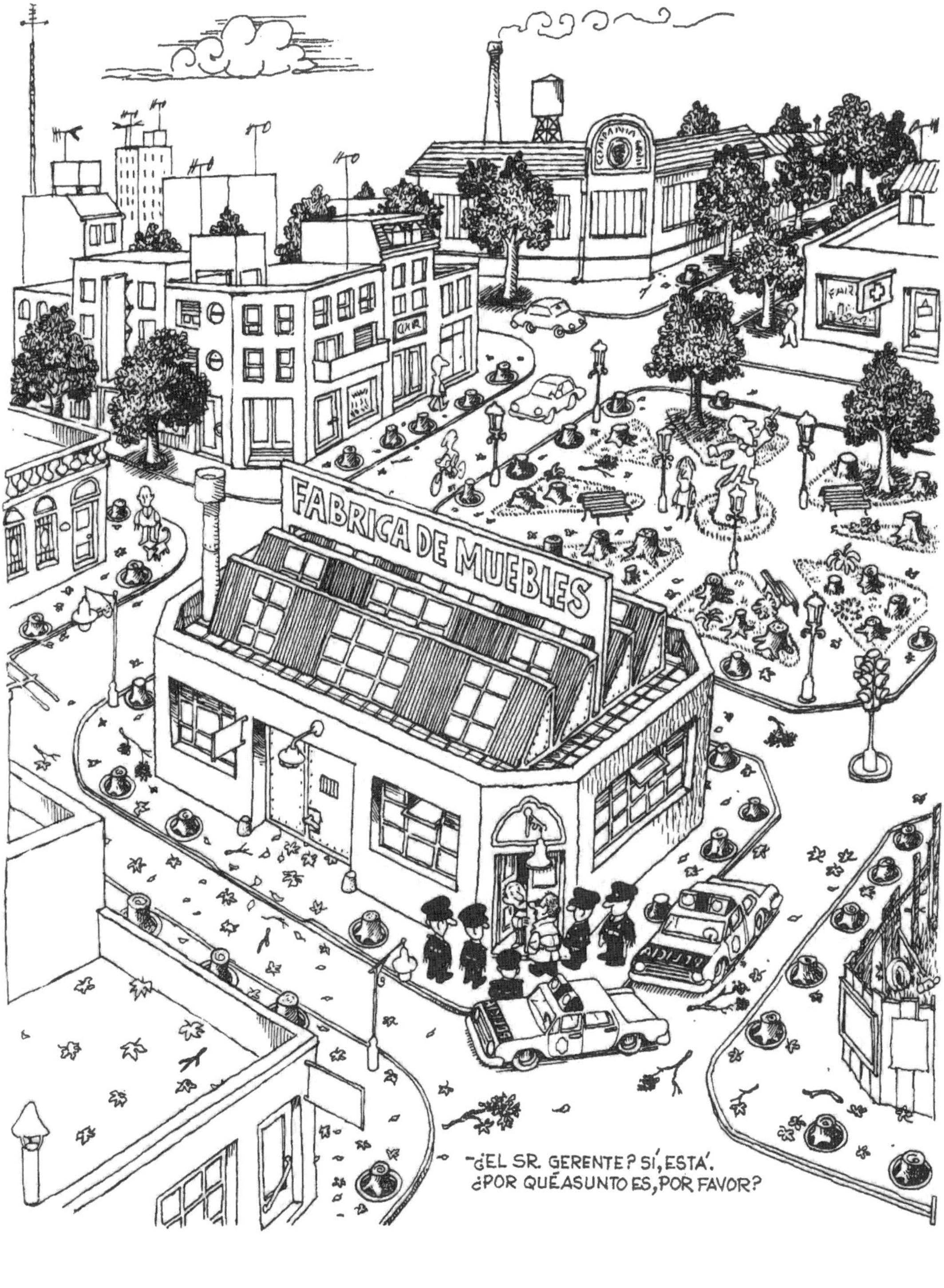
FABRICA DE MUEBLES
—¿EL SR. GERENTE? SÍ, ESTÁ.
¿POR QUÉ ASUNTO ES, POR FAVOR?

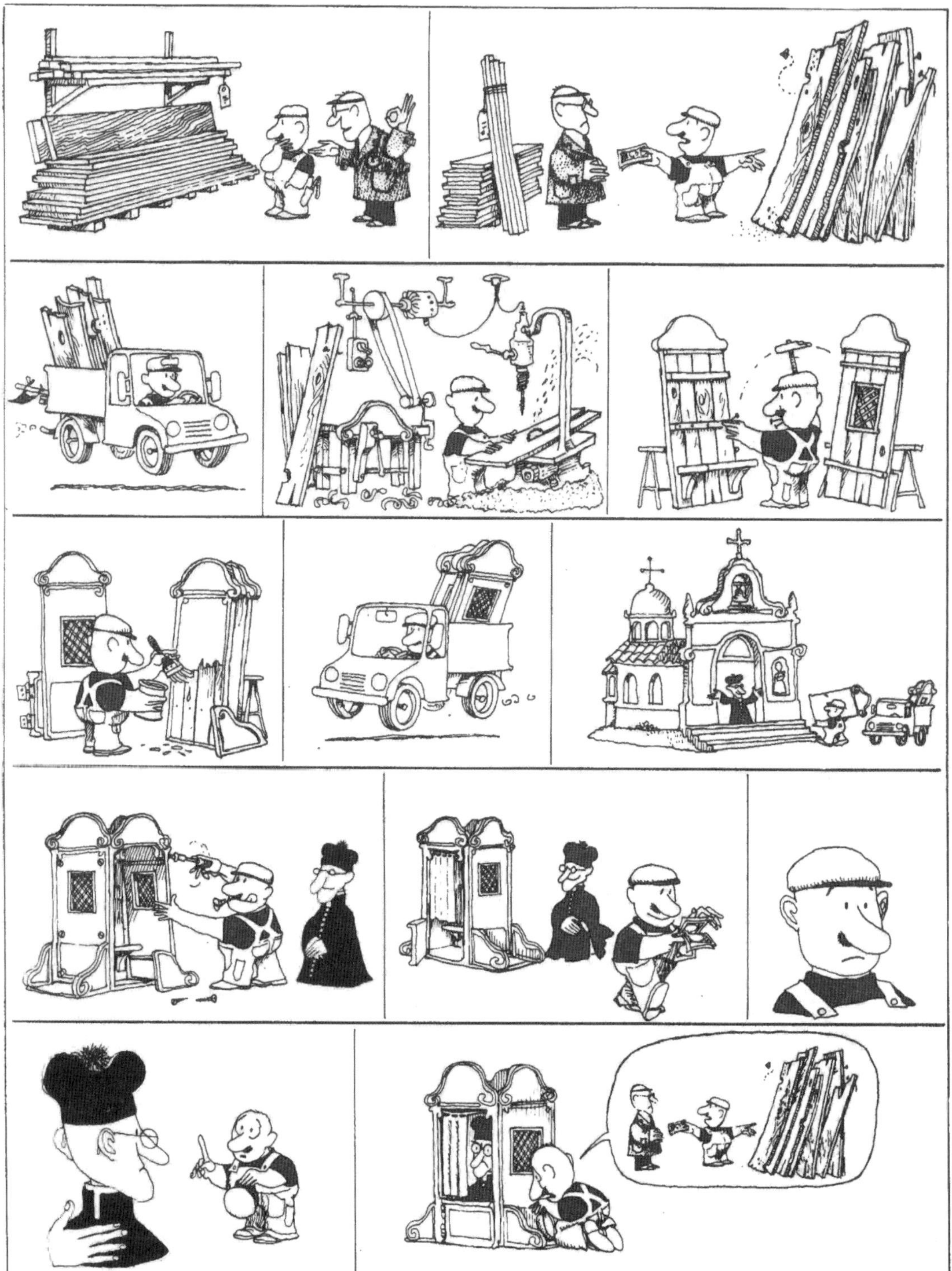

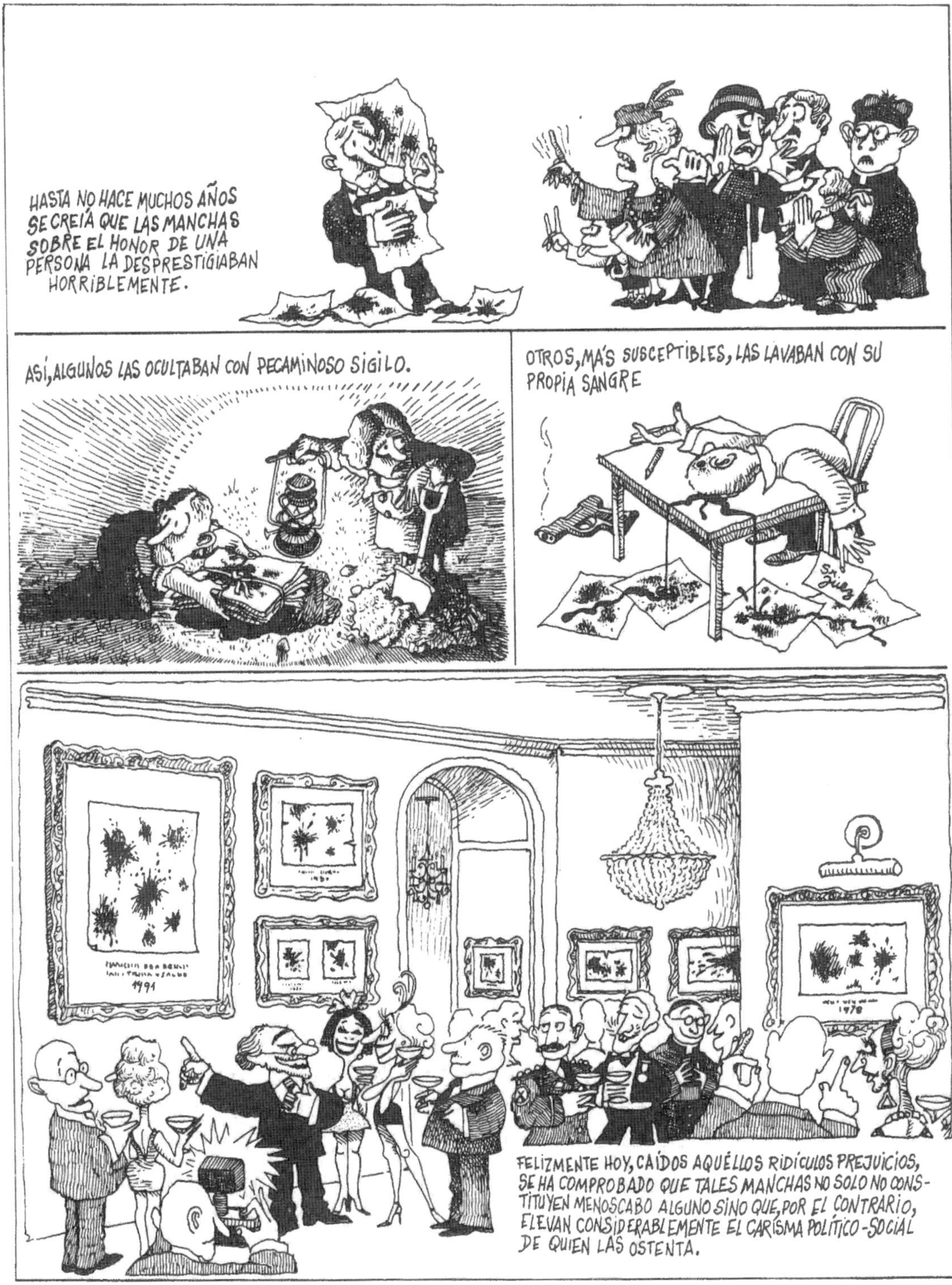
HASTA NO HACE MUCHOS AÑOS SE CREÍA QUE LAS MANCHAS SOBRE EL HONOR DE UNA PERSONA LA DESPRESTIGIABAN HORRIBLEMENTE.
ASÍ, ALGUNOS LAS OCULTABAN CON PECAMINOSO SIGILO.
OTROS, MÁS SUSCEPTIBLES, LAS LAVABAN CON SU PROPIA SANGRE
FELIZMENTE HOY, CAÍDOS AQUÉLLOS RIDÍCULOS PREJUICIOS, SE HA COMPROBADO QUE TALES MANCHAS NO SOLO NO CONSTITUYEN MENOSCABO ALGUNO SINO QUE, POR EL CONTRARIO, ELEVAN CONSIDERABLEMENTE EL CARISMA POLÍTICO-SOCIAL DE QUIEN LAS OSTENTA.

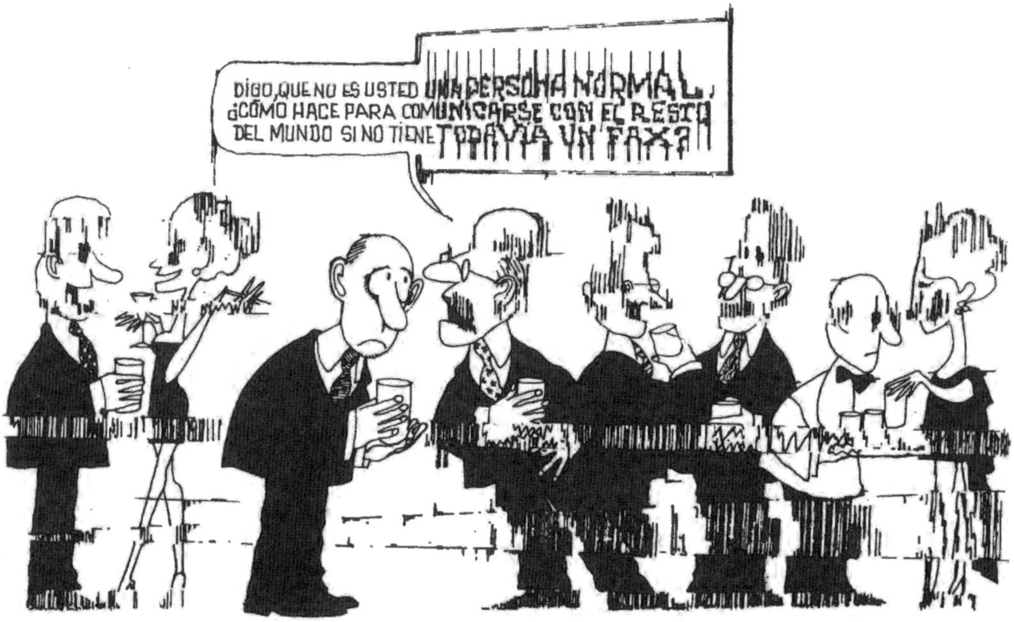
DIGO, QUE NO ES USTED UNA PERSONA NORMAL, ¿CÓMO HACE PARA COMUNICARSE CON EL RESTO DEL MUNDO SI NO TIENE TODAVÍA UN FAX?

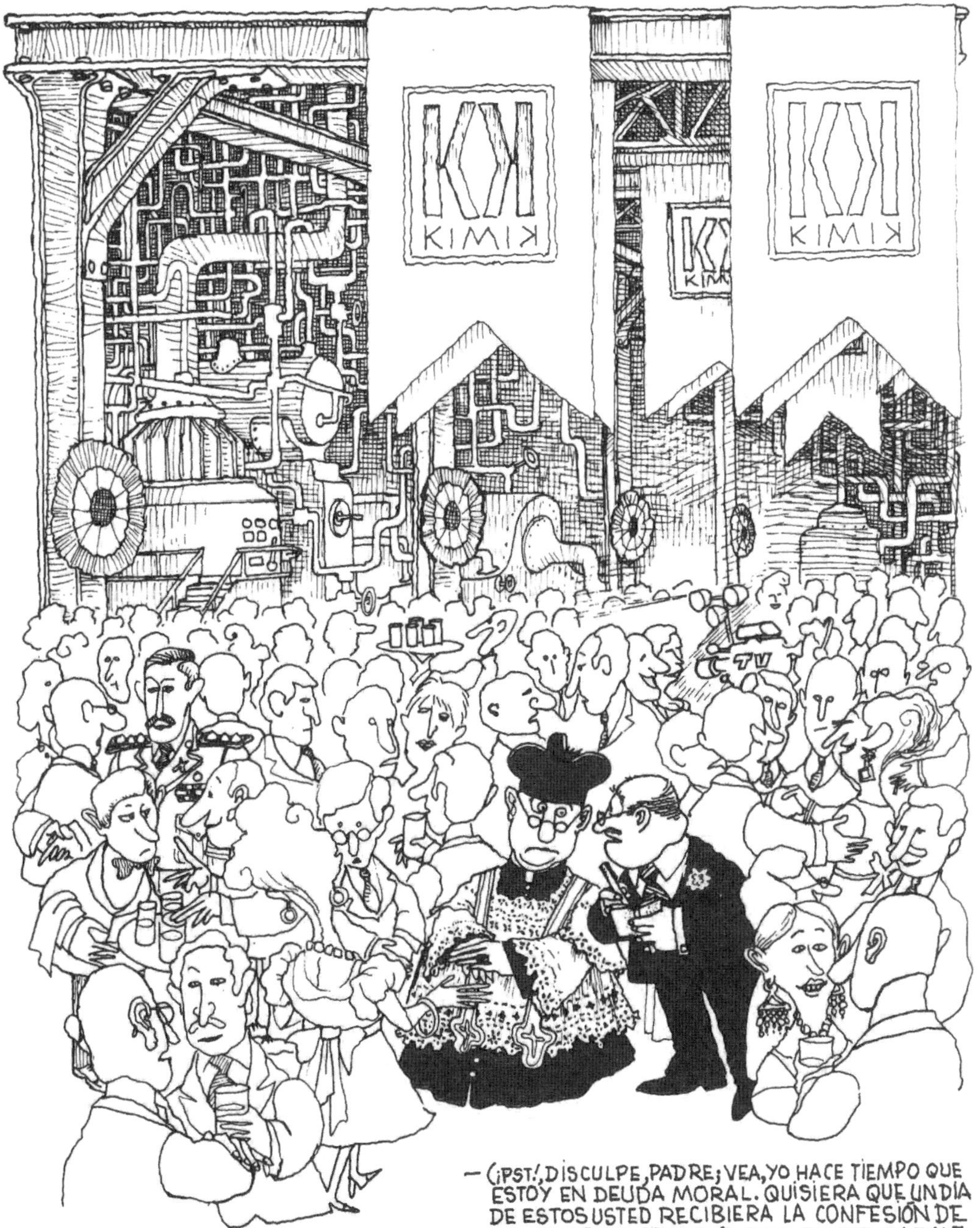
KIMIK
KIMIK
TV

—(¡PST!, DISCULPE, PADRE; VEA, YO HACE TIEMPO QUE ESTOY EN DEUDA MORAL. QUISIERA QUE UN DÍA DE ESTOS USTED RECIBIERA LA CONFESIÓN DE MIS PECADOS. ¿PODRÍA POR FAVOR DARME SU NÚMERO DE FAX?)

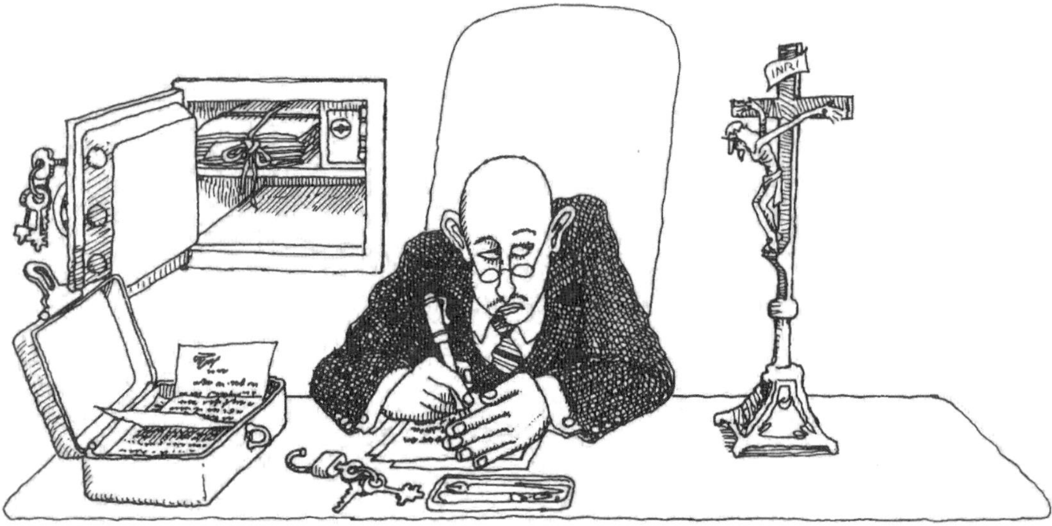
INRI

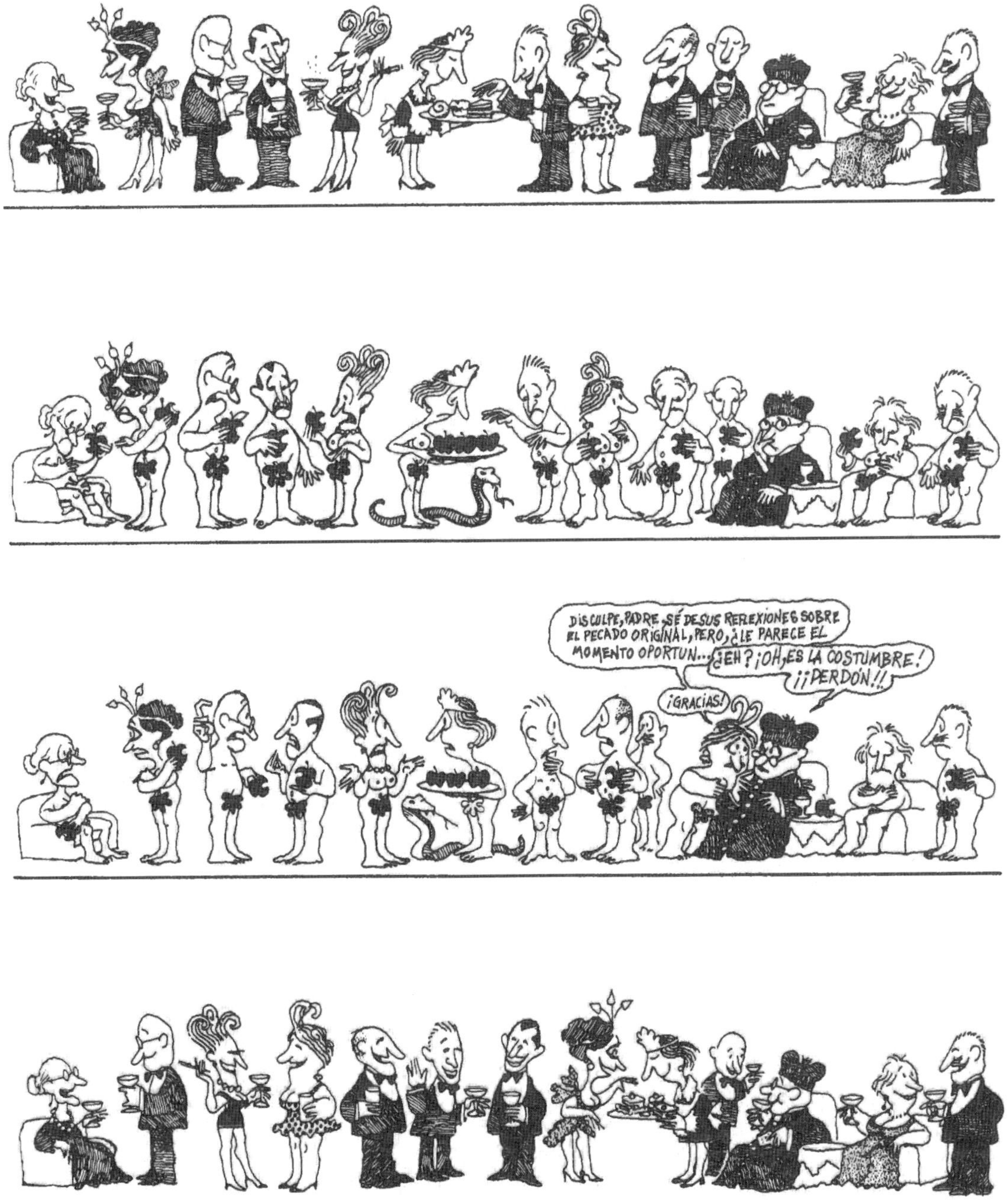
DISCULPE, PADRE, SÉ DE SUS REFLEXIONES SOBRE EL PECADO ORIGINAL, PERO, ¿LE PARECE EL MOMENTO OPORTUN...
¿EH? ¡OH, ES LA COSTUMBRE! ¡¡PERDÓN!!
¡GRACIAS!

¡TODOS UNOS DEGENERADOS, ESO ES LO QUE SON! ¡NO HAY SINO LUJURIA, VICIO Y DEPRAVACIÓN!! ¡REINAN LA CORRUPTELA, LA AMORALIDAD, EL DESENFRENO!!... ¡¡LIBERTINOS CON CARNET!! ¡PUTREFACTOS CONCUPISCENTES!

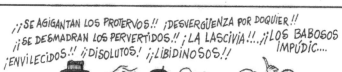

¡¡SE AGIGANTAN LOS PROTERVOS!! ¡DESVERGÜENZA POR DOQUIER!! ¡¡SE DESMADRAN LOS PERVERTIDOS!! ¡LA LASCIVIA!!..¡¡LOS BABOSOS IMPÚDIC.... ¡ENVILECIDOS!! ¡¡DISOLUTOS! ¡¡LIBIDINOSOS!!

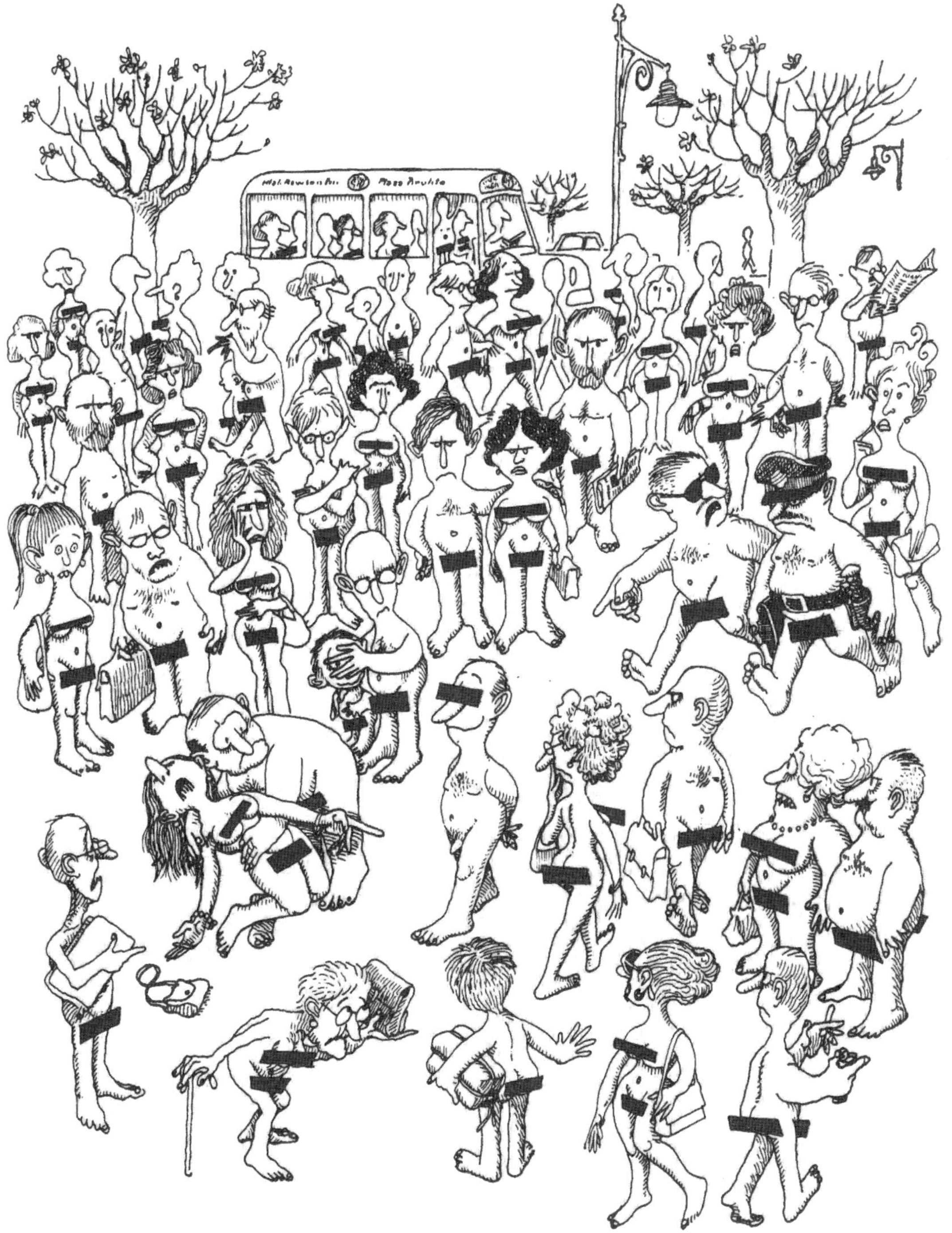

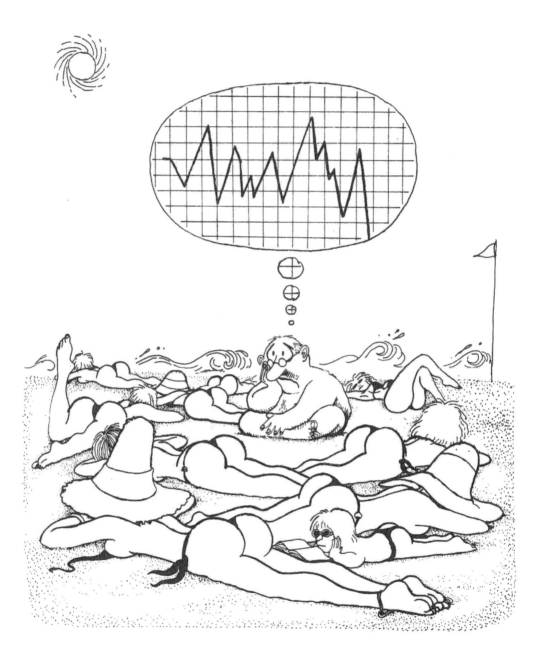

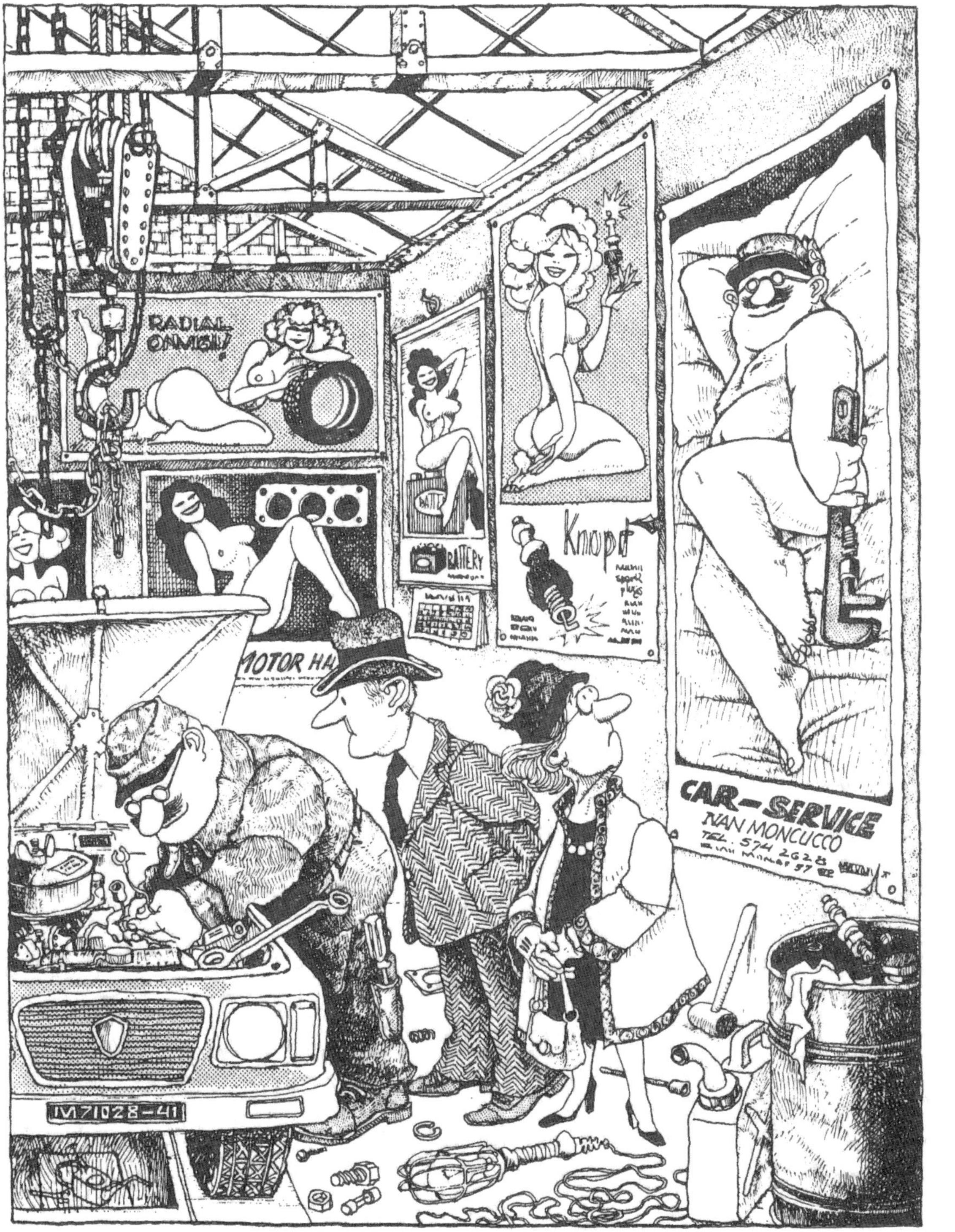
RADIAL
BATTERY
Knopf
MOTOR HA
CAR-SERVICE
IVAN MONCUCCO
TEL. 574 2628
M71028-41

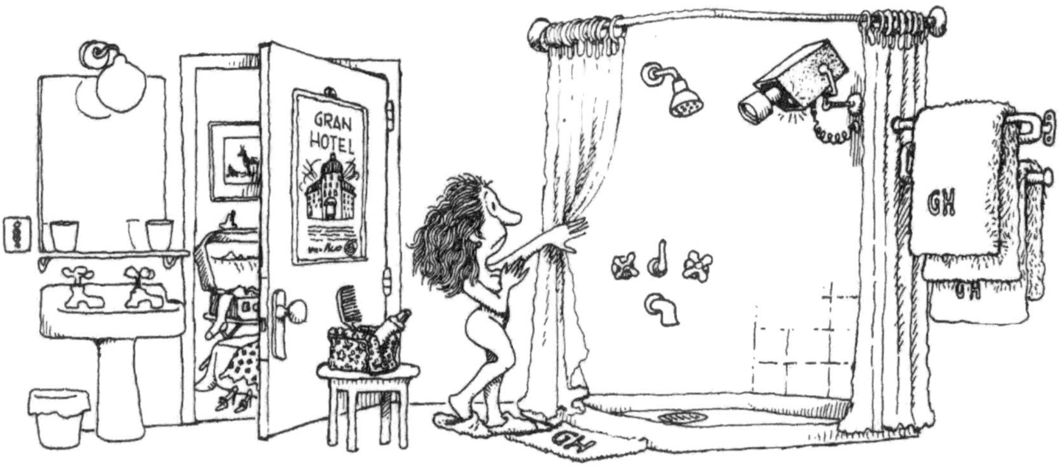
GRAN HOTEL
GH
GH
GH

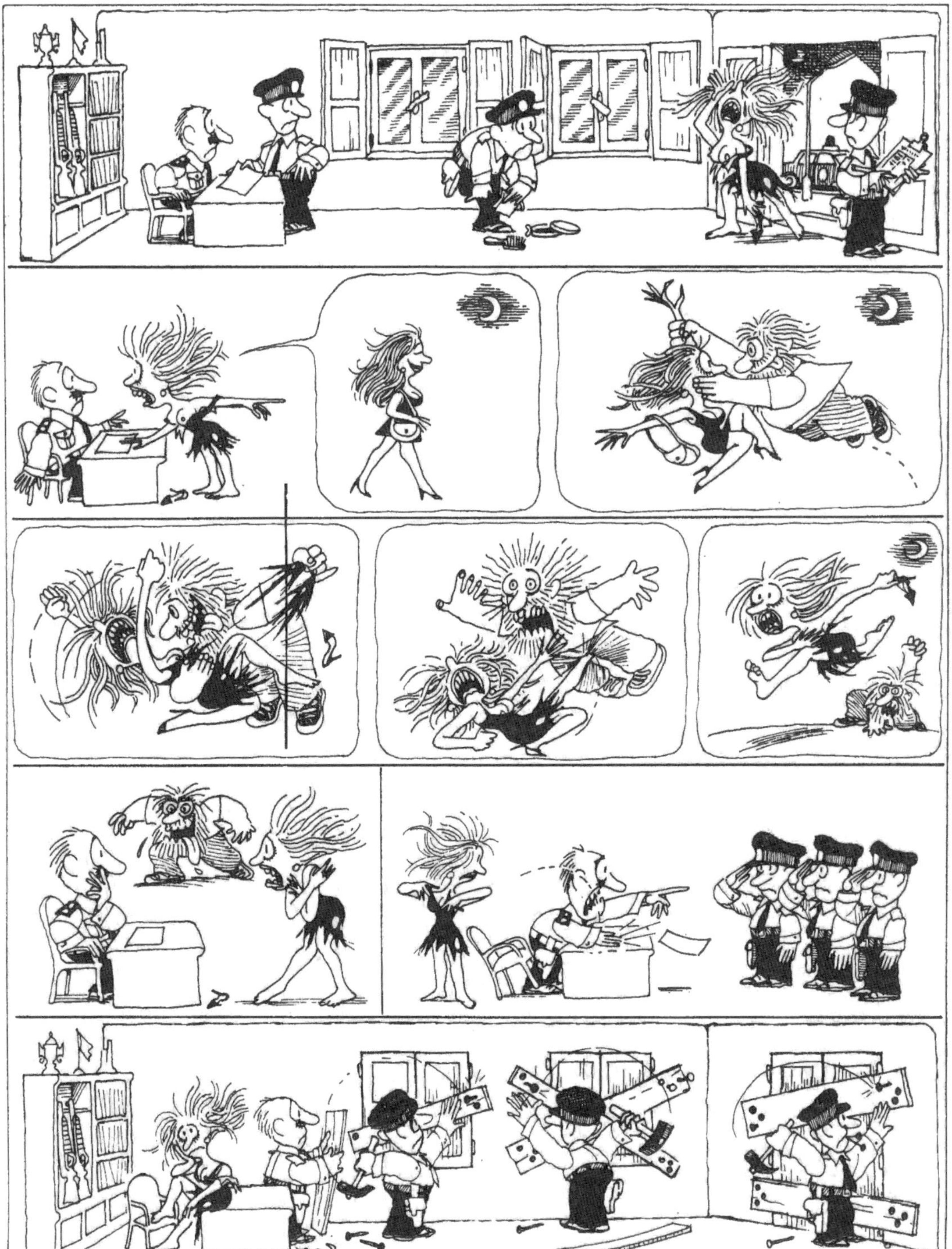

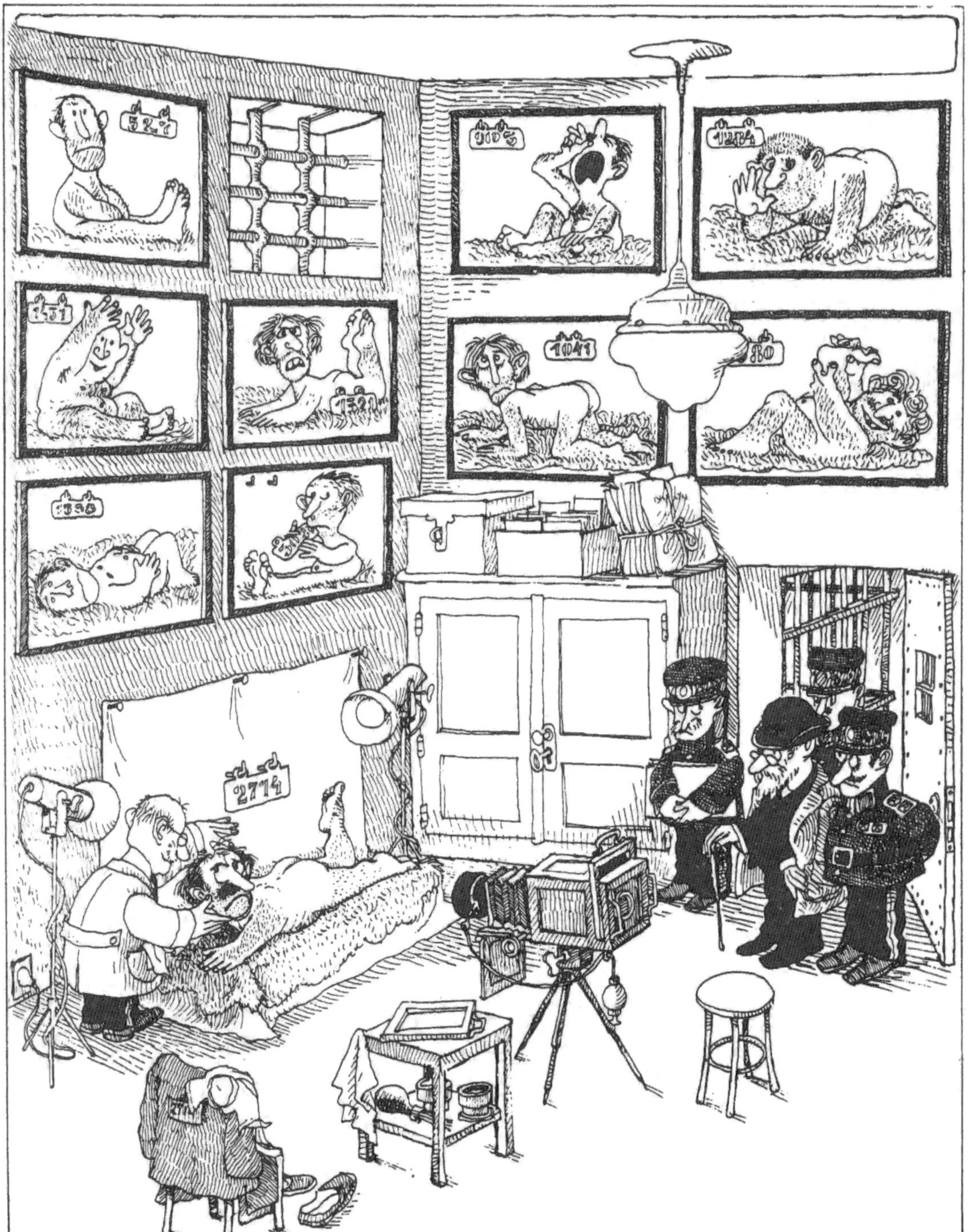
2774

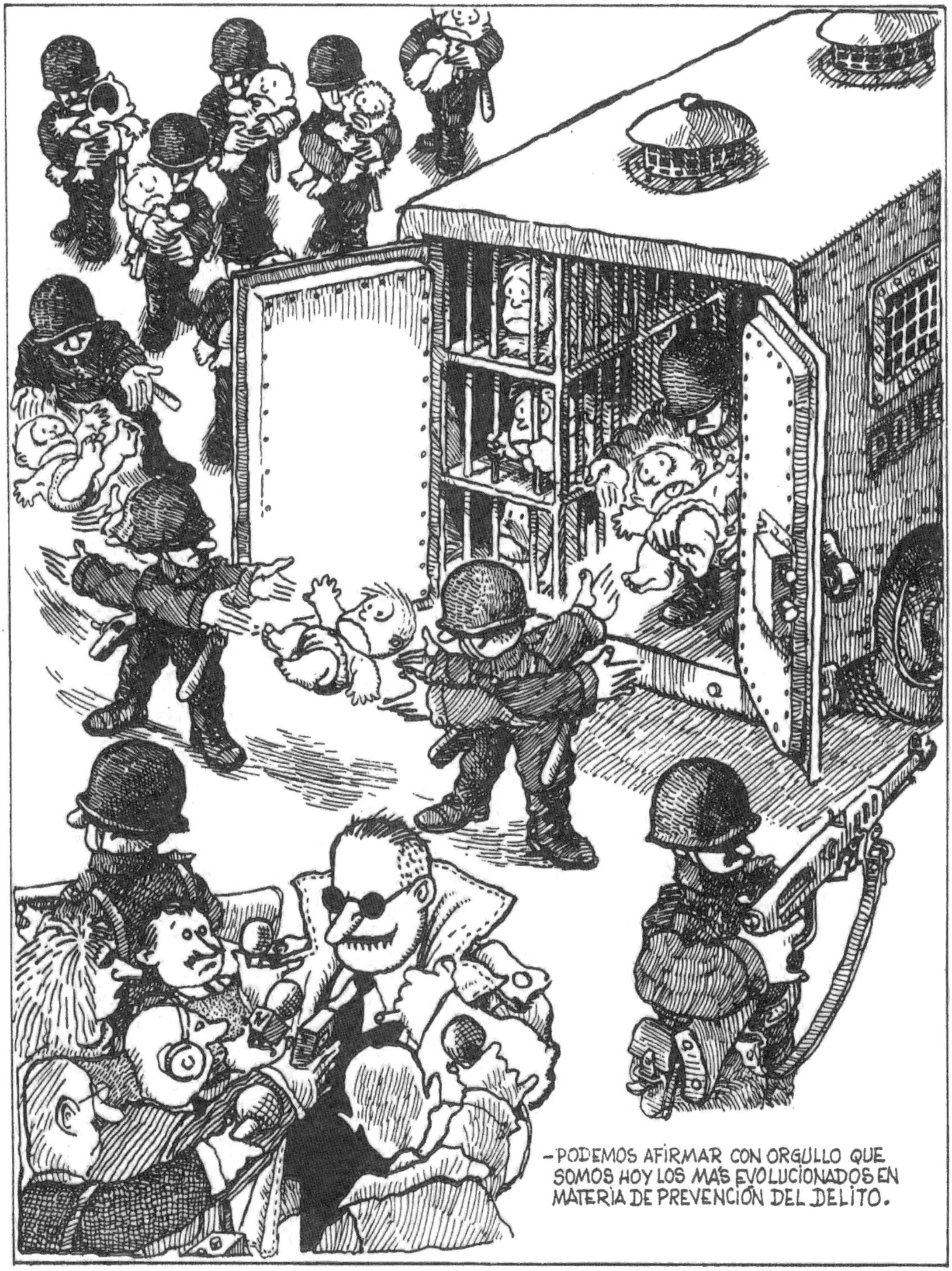
—PODEMOS AFIRMAR CON ORGULLO QUE SOMOS HOY LOS MÁS EVOLUCIONADOS EN MATERIA DE PREVENCIÓN DEL DELITO.

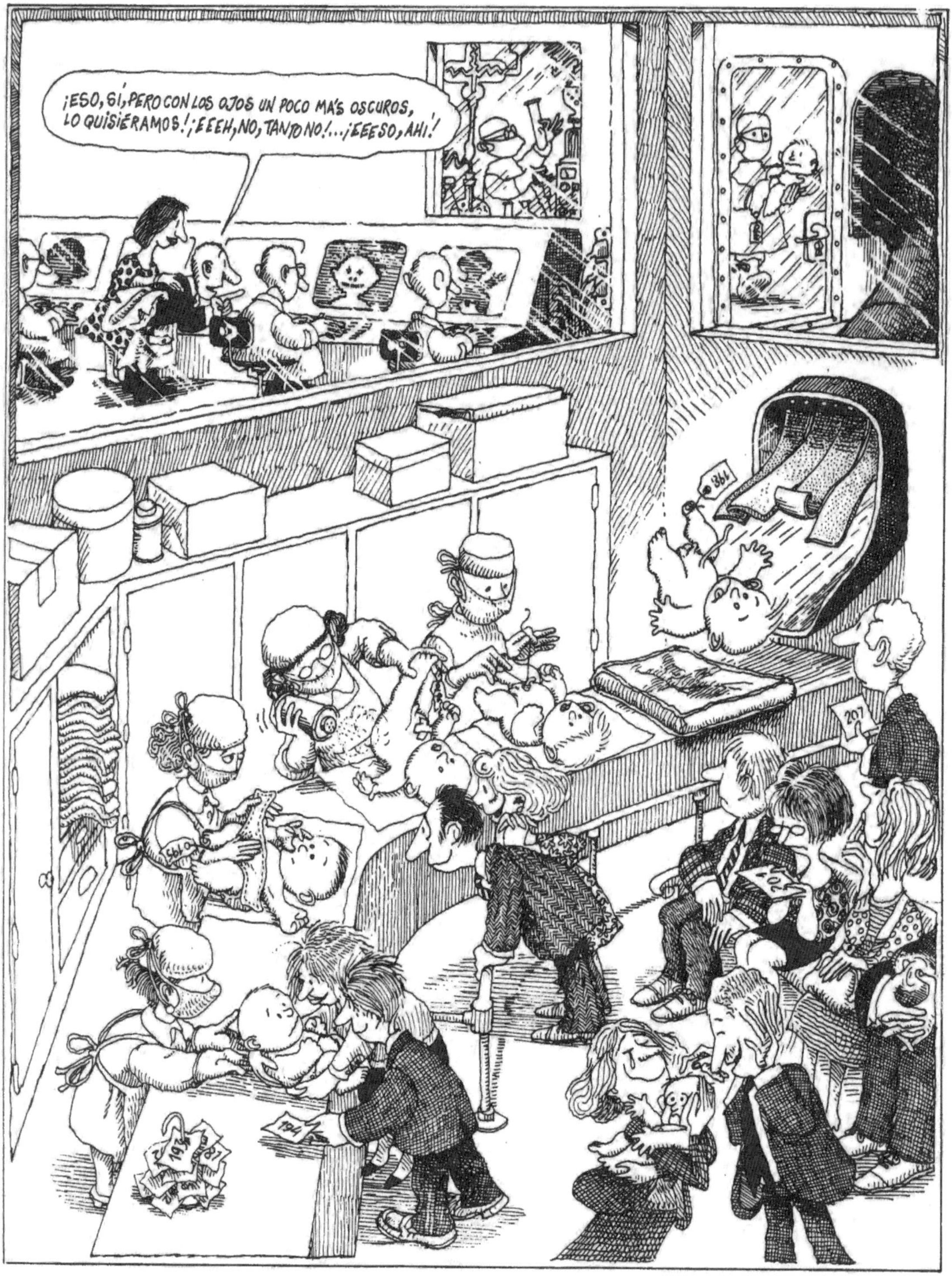
¡ESO, SÍ, PERO CON LOS OJOS UN POCO MÁS OSCUROS, LO QUISIÉRAMOS!; ¡EEEH, NO, TANTO NO!... ¡EEESO, AHÍ!

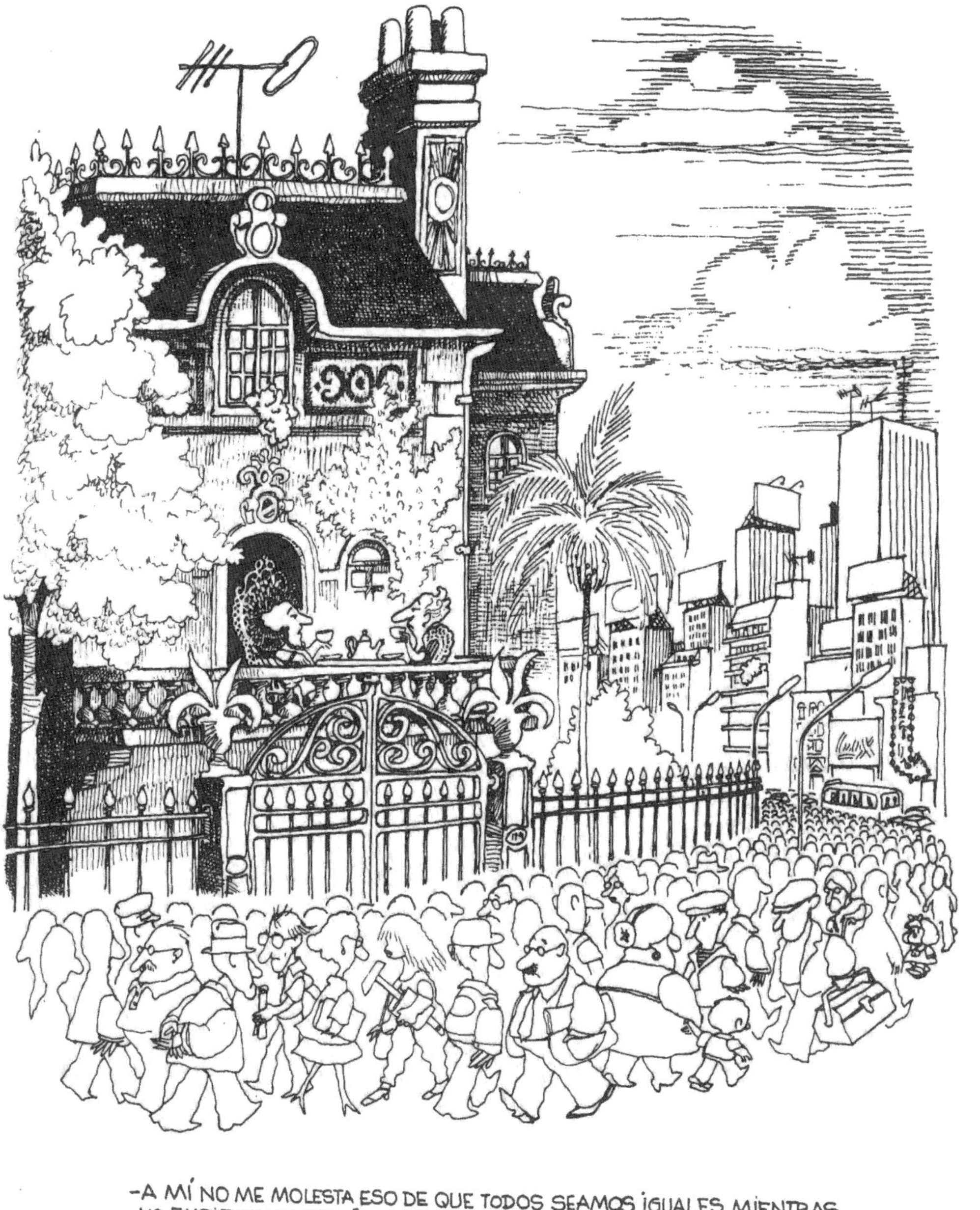

–A MÍ NO ME MOLESTA ESO DE QUE TODOS SEAMOS IGUALES MIENTRAS NO EMPIECEN DESPUÉS A QUERER QUE TODOS SEAMOS PARECIDOS.

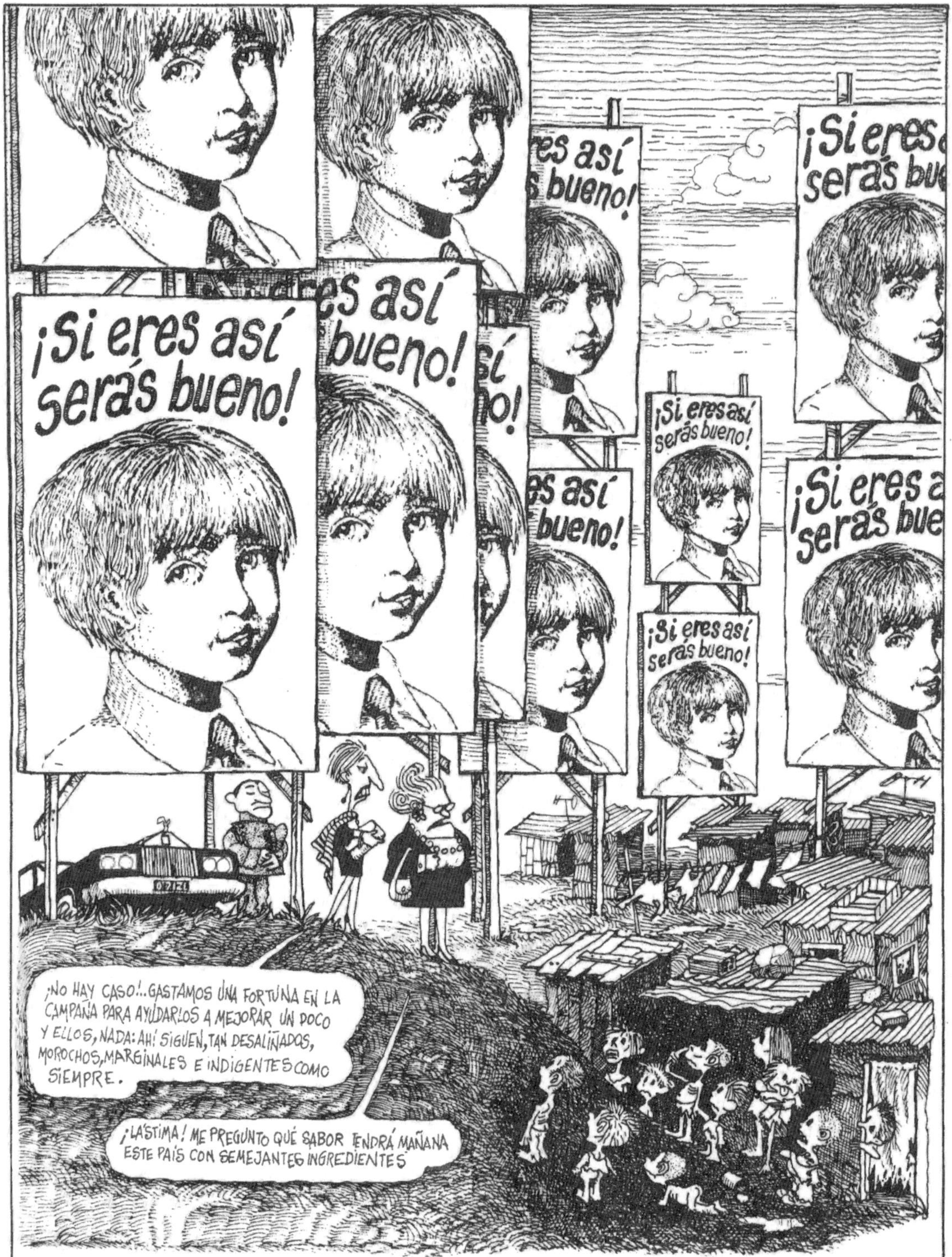
¡Si eres así serás bueno!
¡Si eres así serás bueno!
¡Si eres así serás bueno!
¡NO HAY CASO!.. GASTAMOS UNA FORTUNA EN LA CAMPAÑA PARA AYUDARLOS A MEJORAR UN POCO Y ELLOS, NADA: AHÍ SIGUEN, TAN DESALIÑADOS, MOROCHOS, MARGINALES E INDIGENTES COMO SIEMPRE.
¡LÁSTIMA! ME PREGUNTO QUÉ SABOR TENDRÁ MAÑANA ESTE PAÍS CON SEMEJANTES INGREDIENTES

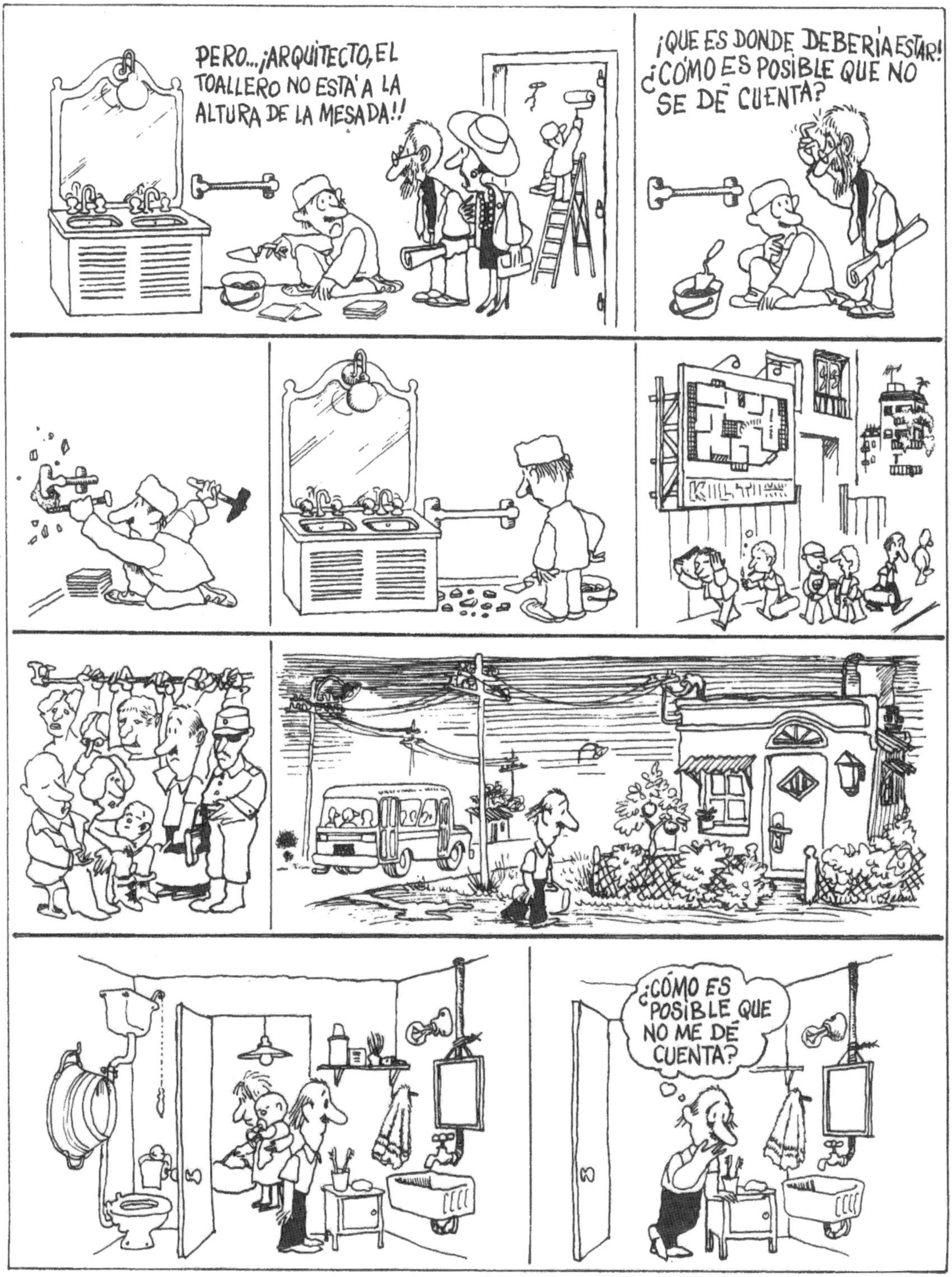
PERO... ¡ARQUITECTO, EL TOALLERO NO ESTÁ A LA ALTURA DE LA MESADA!!
¡QUE ES DONDE DEBERÍA ESTAR! ¿CÓMO ES POSIBLE QUE NO SE DÉ CUENTA?
¿CÓMO ES POSIBLE QUE NO ME DÉ CUENTA?

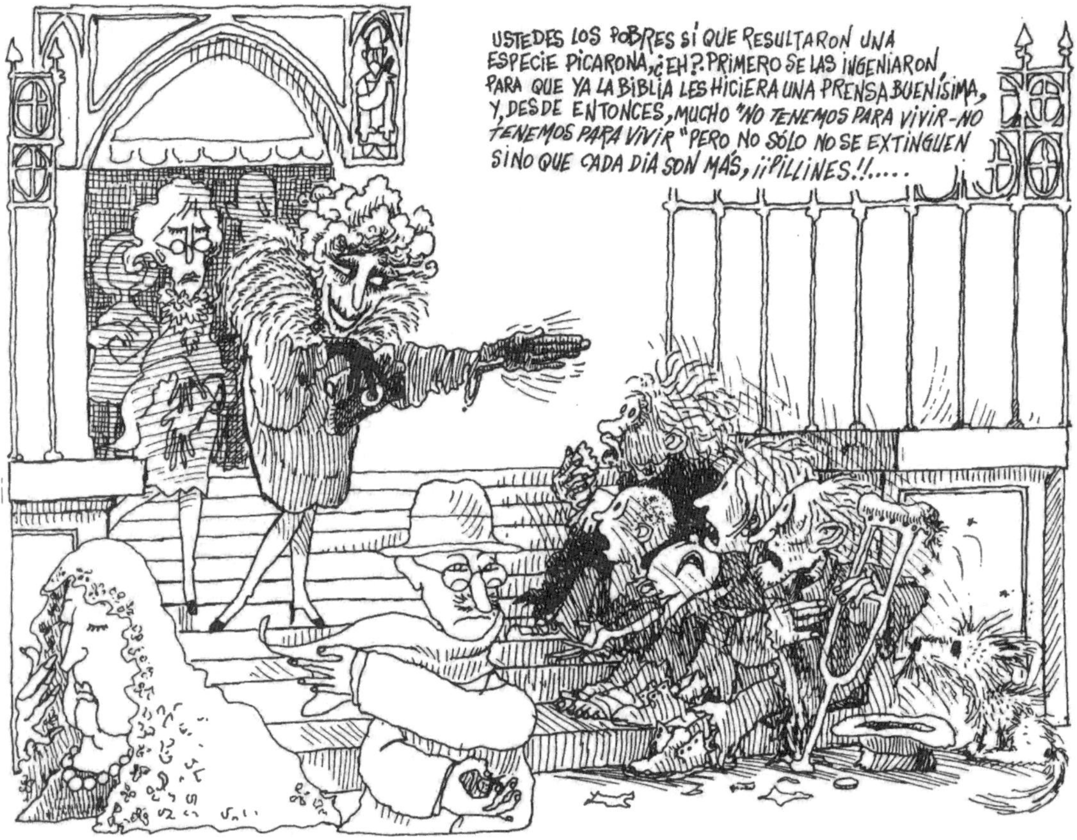
USTEDES LOS POBRES SÍ QUE RESULTARON UNA ESPECIE PICARONA, ¿EH?. PRIMERO SE LAS INGENIARON PARA QUE YA LA BIBLIA LES HICIERA UNA PRENSA BUENÍSIMA, Y, DESDE ENTONCES, MUCHO "NO TENEMOS PARA VIVIR-NO TENEMOS PARA VIVIR" PERO NO SÓLO NO SE EXTINGUEN SINO QUE CADA DIA SON MÁS, ¡¡PILLINES.!!.....

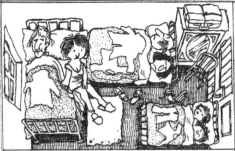

MIRE, MARTINA, YO DIRÍA QUE PRIMERO LIMPIE EL DORMITORIO PRINCIPAL; COMO ES TAN GRANDE ES LO QUE MÁS TIEMPO LE LLEVA.

EN EL BAÑO EN SUITE TENGA MUCHO CUIDADO CON LA BAÑERA HIDROMASAJE, QUE SE RAYA NOMÁS DE MIRARLA.

SI QUIERE CALENTARSE ALGO RECUERDE QUE DENTRO DEL MICROONDAS NO SE PUEDE PONER NADA METÁLICO.

CUANDO VA AL MERCADO COMPRA YOGUR, COPOS DE MAÍZ, DE ARROZ Y NARANJAS PARA JUGO, YA SABE QUE SI NO, PARA EL SEÑOR UN DESAYUNO NO ES UN DESAYUNO.

LA LAVAVAJILLA PUEDE DEJARLA FUNCIONANDO, NOMÁS; YA SABE QUE SE PARA SOLA.

¡AH, EL PISO DEL CORREDOR, M'HIJA! TRATE DE ESMERARSE UN POCO MÁS CON LA CERA Y LA LUSTRADORA, QUE LA ÚLTIMA VEZ NO LO DEJÓ BRILLANTE COMO DEBIERA.

FÍJESE MIENTRAS LIMPIA DÓNDE PUEDO HABER DEJADO LAS LLAVES DEL COCHE, QUE LUEGO TENGO QUE SALIR Y LA SOLA IDEA YA ME DESTROZA LOS NERVIOS, ¡QUÉ HORROR! UD. NO SE IMAGINA LO QUE ES MANEJAR...

... SOLA, METIDA DENTRO DE UN AUTO EN MEDIO DE UNA JUNGLA DE COCHES, AUTOBUSES, MOTOS....

YO NO SÉ, ME PREGUNTO CÓMO DIABLOS PODEMOS VIVIR ASÍ, TODOS ENLOQUECIDOS,

SÍ, SEÑORA, ME DOY CUENTA

A TAL HORA ESTO, A TAL OTRA AQUELLO, REUNIÓN DE AQUÍ, CITA DE ALLÁ, Y QUÉ PEINADO, Y QUÉ ME PONGO, ¿SE DA CUENTA?

EN CAMBIO USTED CON SU ROPITA SIEMPRE PULCRA Y CUIDADA, ¡QUÉ FELIZ!, ¡EN FIN, BUEH!..

...MIRE, MARTINA, YO DIRÍA QUE PRIMERO LIMPIE EL DORMITORIO PRINCIPAL; COMO ES TAN GRANDE ES LO QUE MÁS TIEMPO LE LLEVA. EN EL BAÑO EN SUITE.....

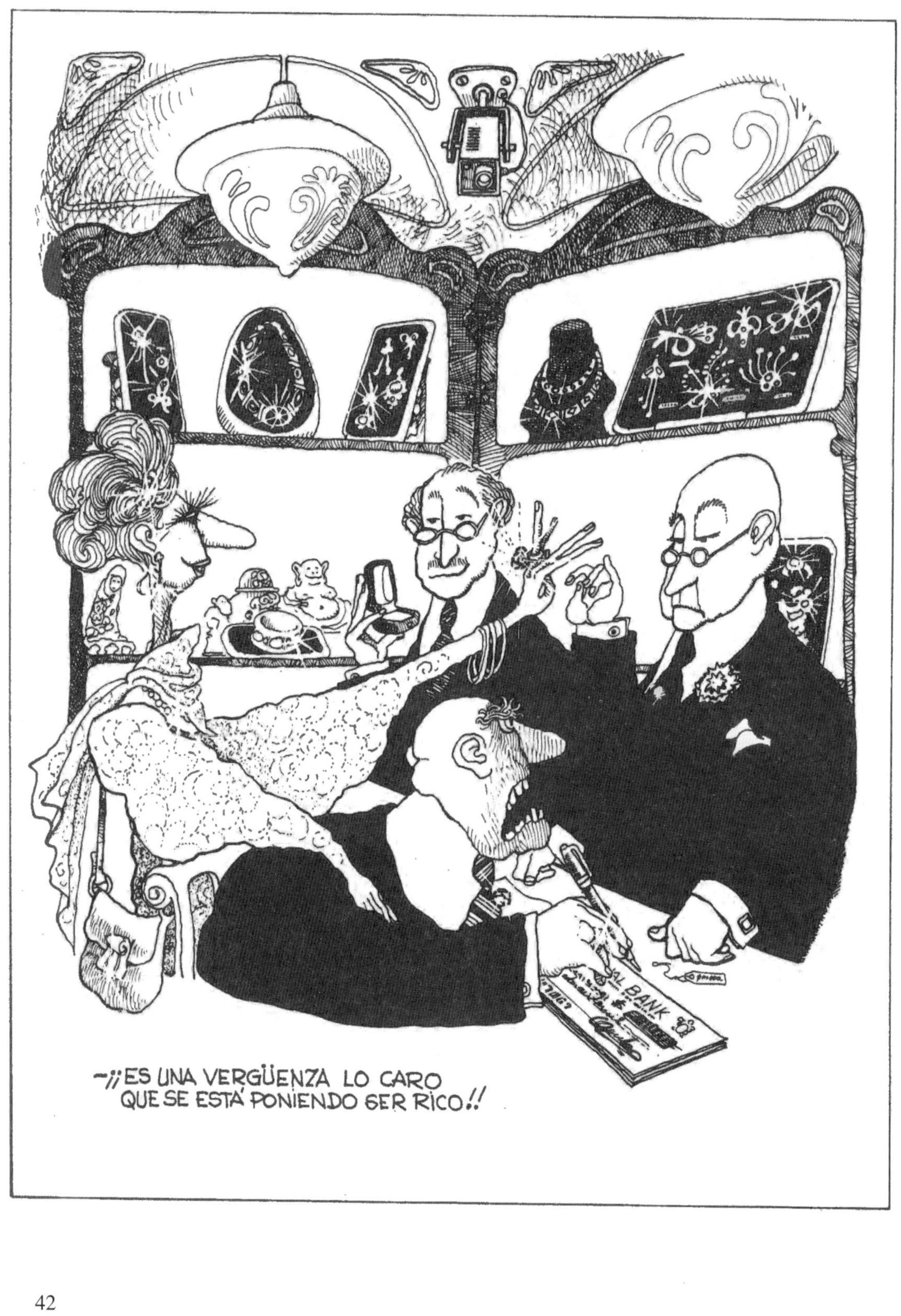
AL BANK

—¡¡ES UNA VERGÜENZA LO CARO
QUE SE ESTÁ PONIENDO SER RICO!!

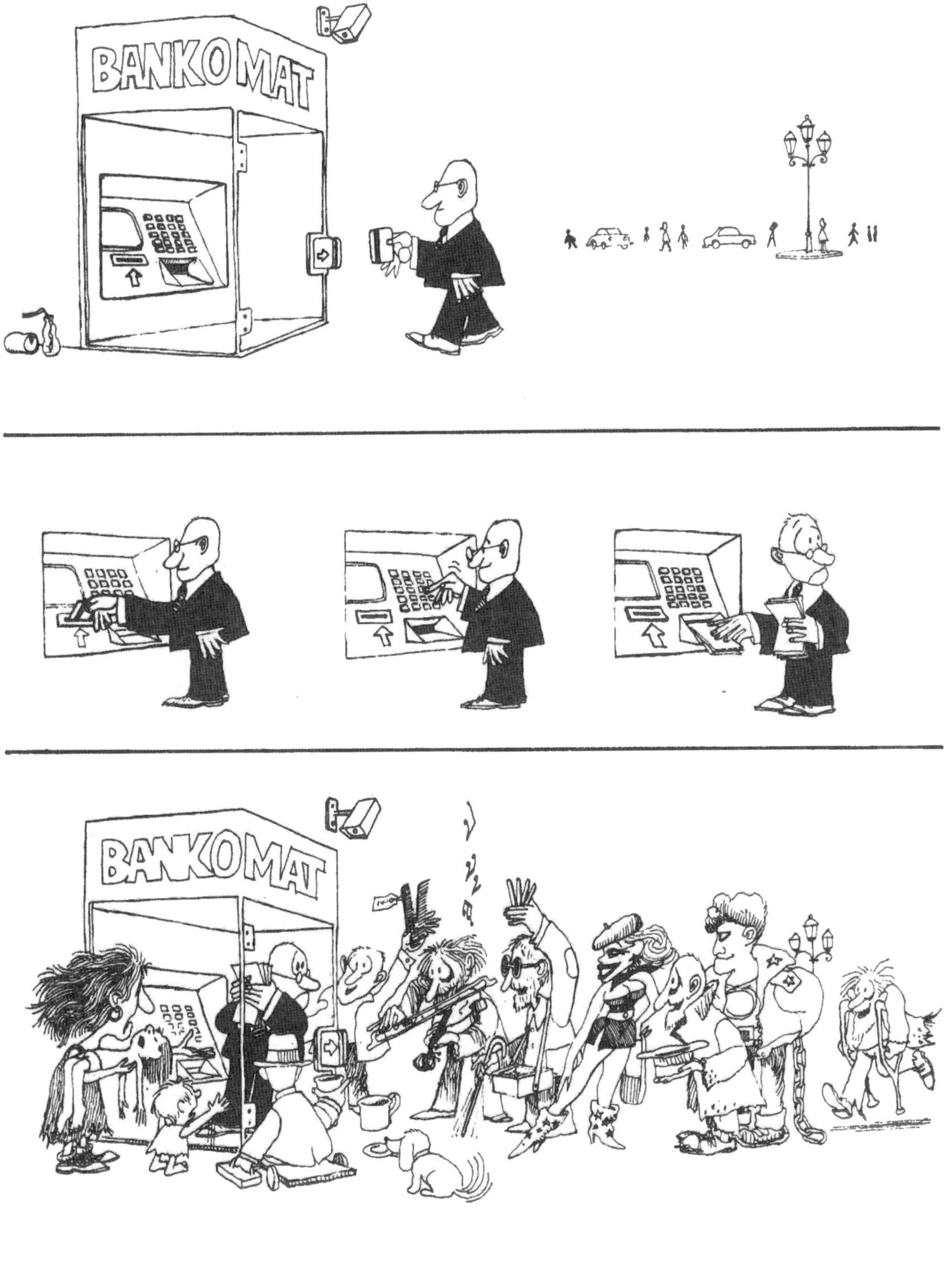
BANKOMAT
BANKOMAT

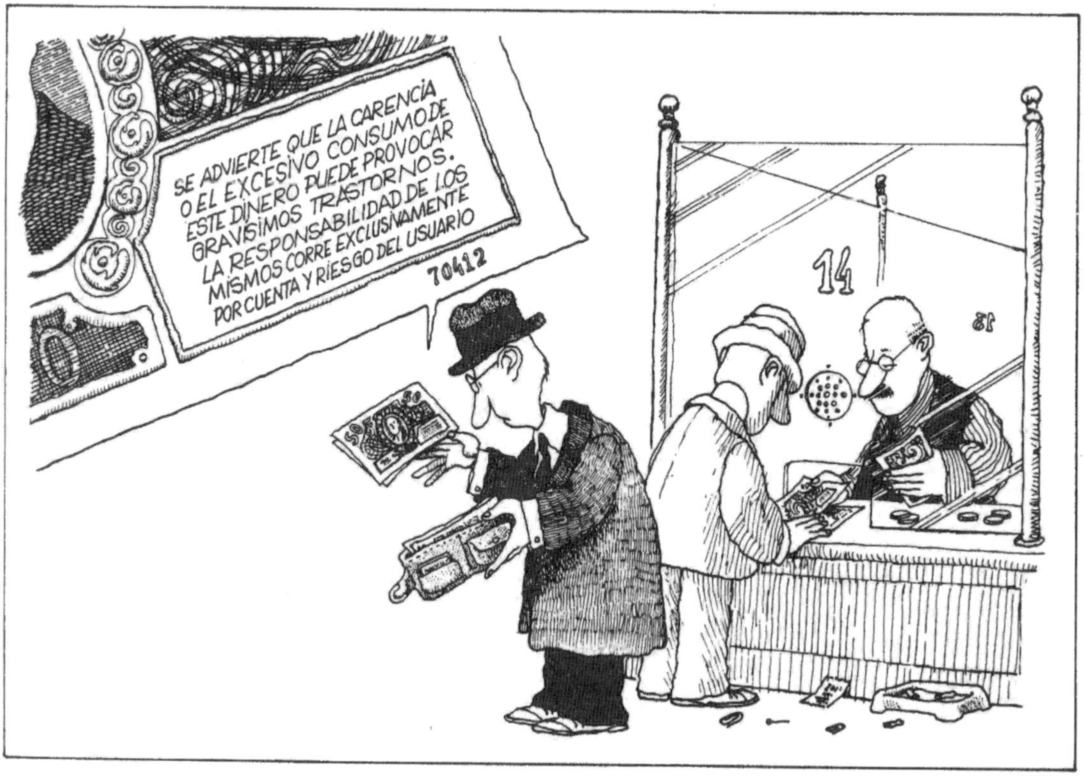
SE ADVIERTE QUE LA CARENCIA O EL EXCESIVO CONSUMO DE ESTE DINERO PUEDE PROVOCAR GRAVÍSIMOS TRASTORNOS. LA RESPONSABILIDAD DE LOS MISMOS CORRE EXCLUSIVAMENTE POR CUENTA Y RIESGO DEL USUARIO
70412
14

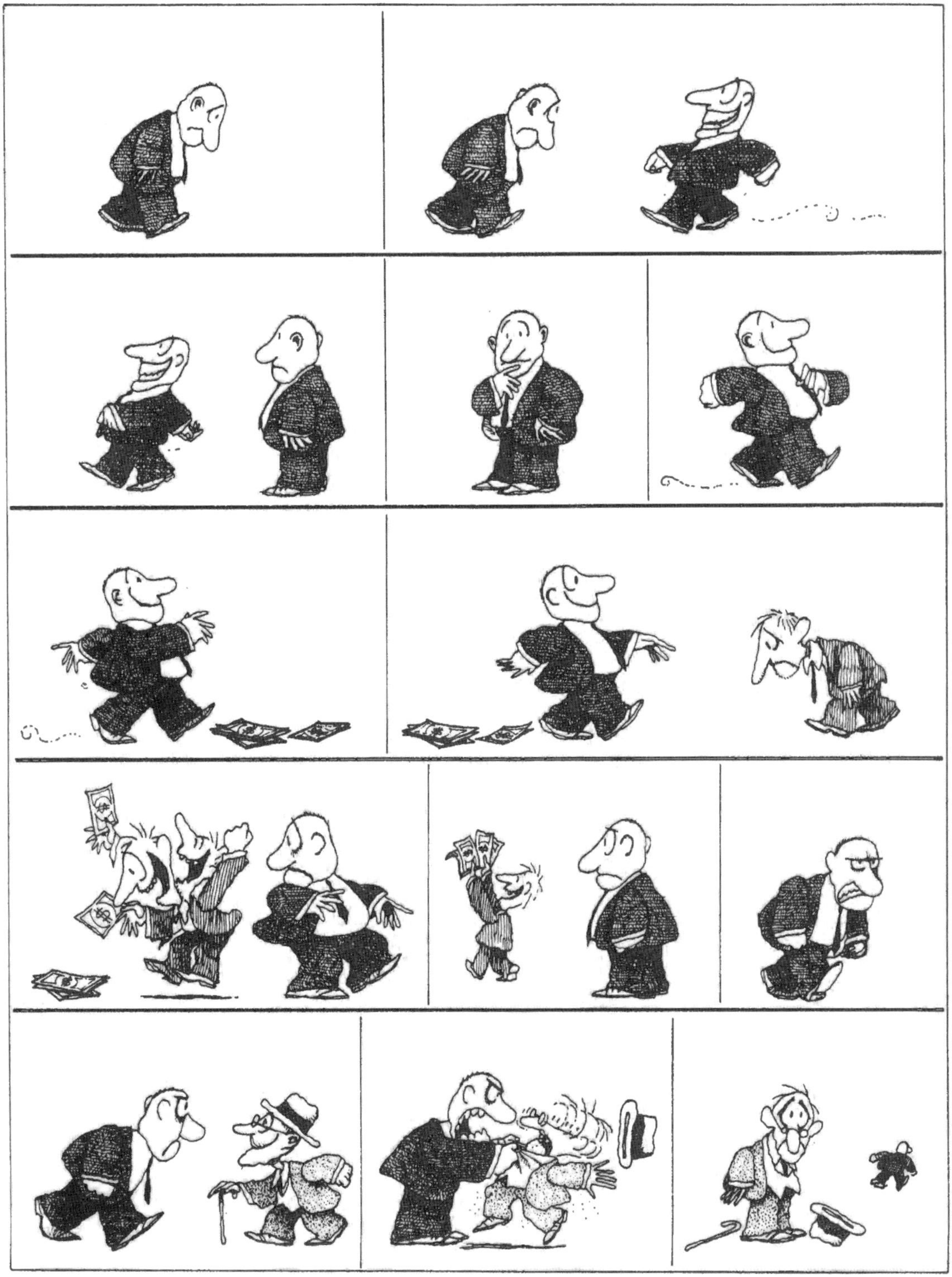

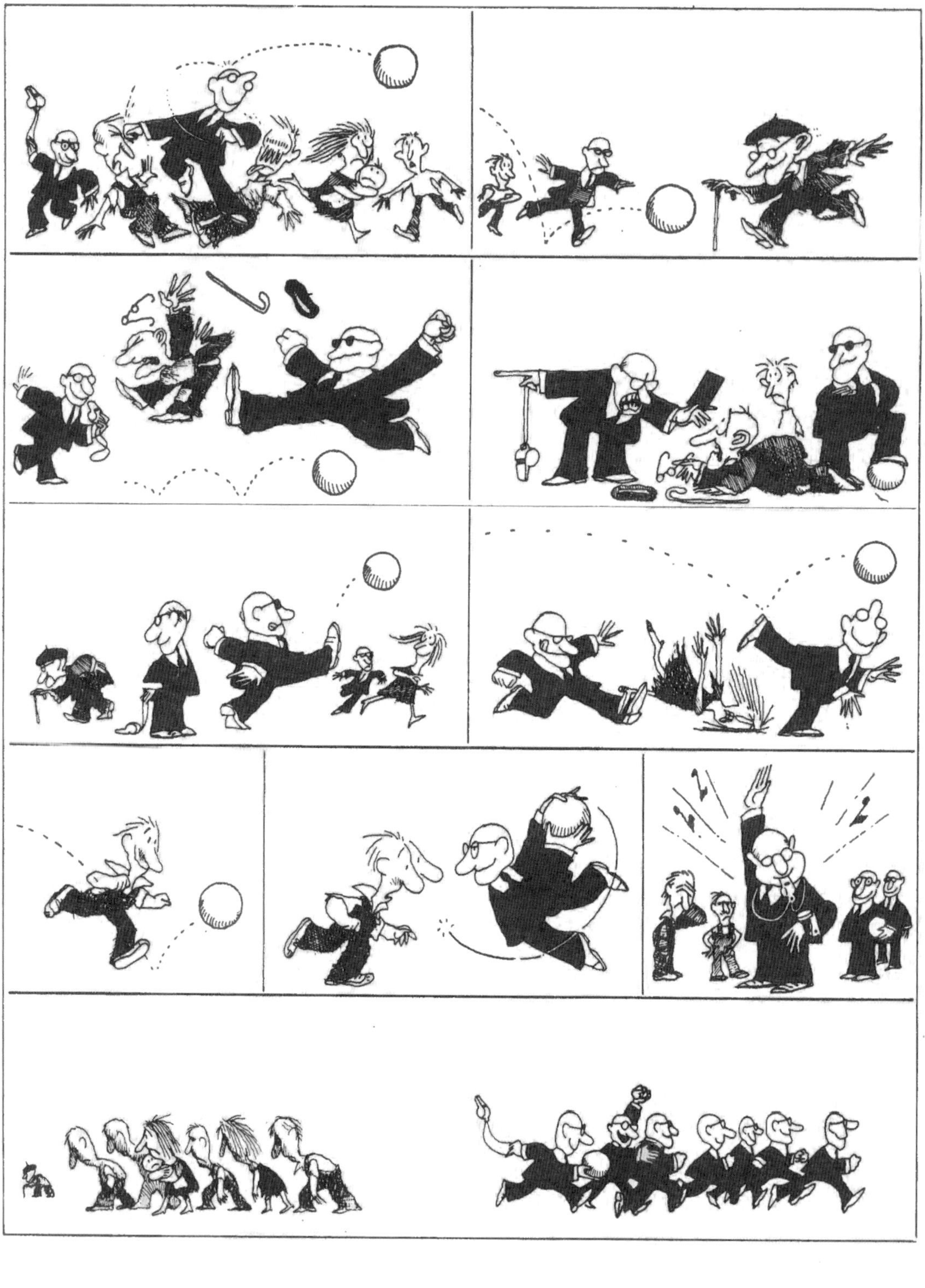

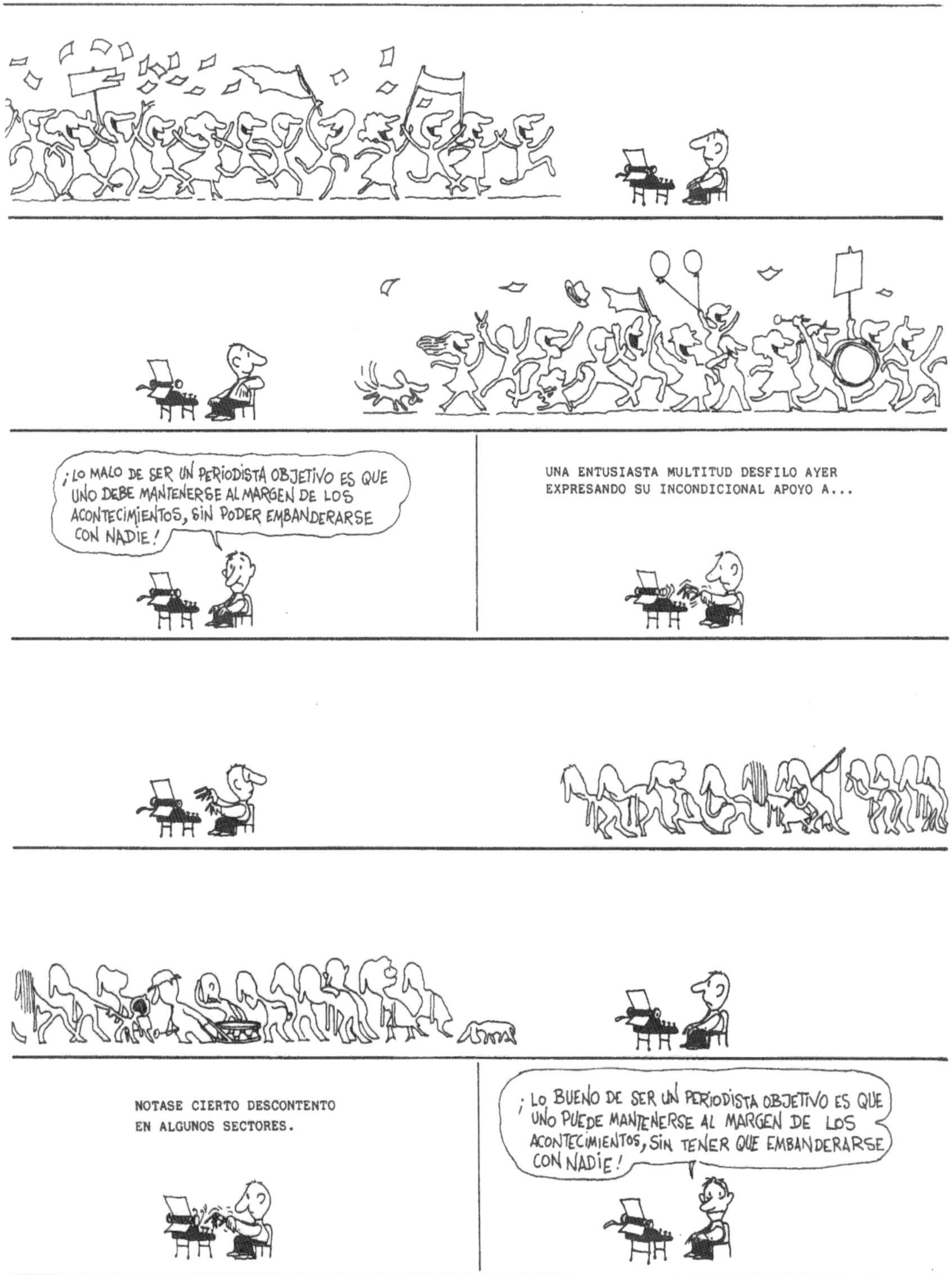
¡LO MALO DE SER UN PERIODISTA OBJETIVO ES QUE UNO DEBE MANTENERSE AL MARGEN DE LOS ACONTECIMIENTOS, SIN PODER EMBANDERARSE CON NADIE!
UNA ENTUSIASTA MULTITUD DESFILO AYER EXPRESANDO SU INCONDICIONAL APOYO A...
NOTASE CIERTO DESCONTENTO EN ALGUNOS SECTORES.
¡LO BUENO DE SER UN PERIODISTA OBJETIVO ES QUE UNO PUEDE MANTENERSE AL MARGEN DE LOS ACONTECIMIENTOS, SIN TENER QUE EMBANDERARSE CON NADIE!

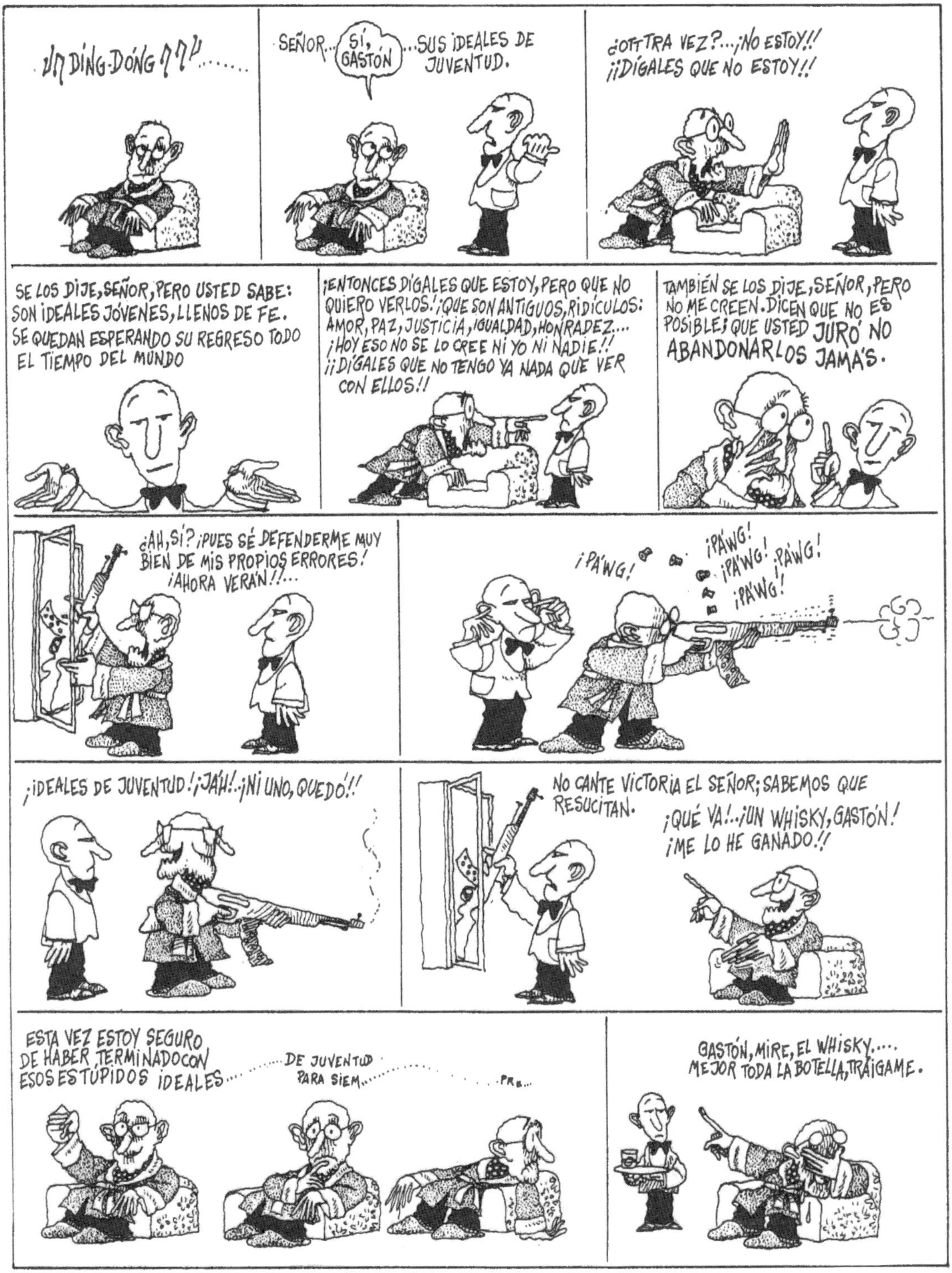
¡¡DING-DÓNG!!...
SEÑOR... SUS IDEALES DE JUVENTUD.
SÍ, GASTÓN
¿OTTTRA VEZ?... ¡NO ESTOY!! ¡¡DÍGALES QUE NO ESTOY!!
SE LOS DIJE, SEÑOR, PERO USTED SABE: SON IDEALES JÓVENES, LLENOS DE FE. SE QUEDAN ESPERANDO SU REGRESO TODO EL TIEMPO DEL MUNDO
¡ENTONCES DÍGALES QUE ESTOY, PERO QUE NO QUIERO VERLOS! ¡QUE SON ANTIGUOS, RIDÍCULOS: AMOR, PAZ, JUSTICIA, IGUALDAD, HONRADEZ.... ¡HOY ESO NO SE LO CREE NI YO NI NADIE!! ¡¡DÍGALES QUE NO TENGO YA NADA QUE VER CON ELLOS!!
TAMBIÉN SE LOS DIJE, SEÑOR, PERO NO ME CREEN. DICEN QUE NO ES POSIBLE; QUE USTED JURÓ NO ABANDONARLOS JAMÁS.
¿AH, SÍ? ¡PUES SÉ DEFENDERME MUY BIEN DE MIS PROPIOS ERRORES! ¡AHORA VERÁN!!...
¡PÁWG! ¡PÁWG! ¡PÁWG! ¡PÁWG! ¡PÁWG!
¡IDEALES DE JUVENTUD! ¡JÁH!.. ¡NI UNO, QUEDÓ!!
NO CANTE VICTORIA EL SEÑOR; SABEMOS QUE RESUCITAN.
¡QUÉ VA!.. ¡UN WHISKY, GASTÓN! ¡ME LO HE GANADO!!
ESTA VEZ ESTOY SEGURO DE HABER TERMINADO CON ESOS ESTÚPIDOS IDEALES........ DE JUVENTUD PARA SIEM.......... PR...
GASTÓN, MIRE, EL WHISKY.... MEJOR TODA LA BOTELLA, TRÁIGAME.

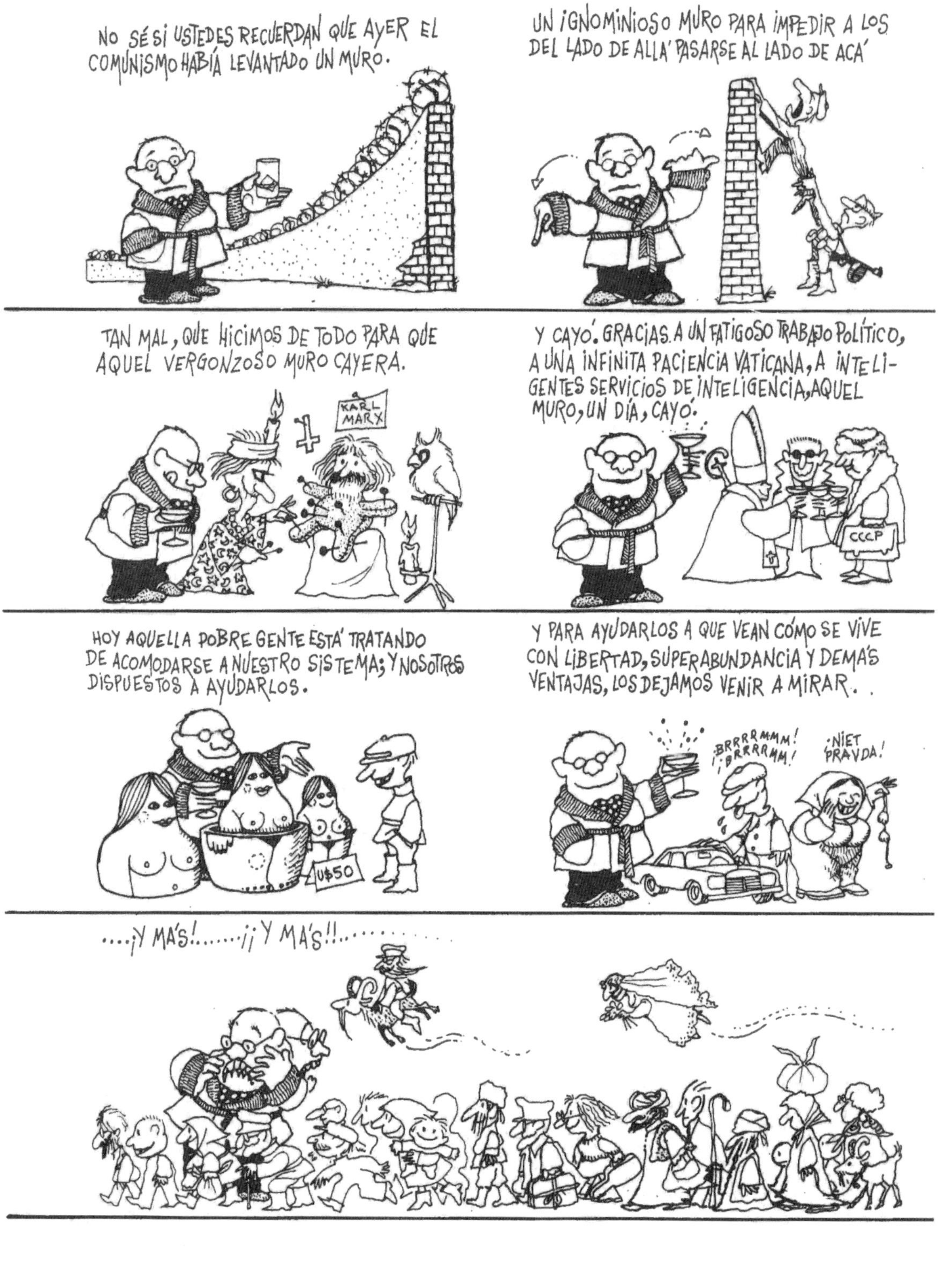
NO SÉ SI USTEDES RECUERDAN QUE AYER EL COMUNISMO HABÍA LEVANTADO UN MURO.
UN ¡GNOMINIOSO MURO PARA IMPEDIR A LOS DEL LADO DE ALLÁ PASARSE AL LADO DE ACÁ
TAN MAL, QUE HICIMOS DE TODO PARA QUE AQUEL VERGONZOSO MURO CAYERA.
KARL MARX
Y CAYÓ. GRACIAS A UN FATIGOSO TRABAJO POLÍTICO, A UNA INFINITA PACIENCIA VATICANA, A INTELIGENTES SERVICIOS DE INTELIGENCIA, AQUEL MURO, UN DÍA, CAYÓ.
CCCP
HOY AQUELLA POBRE GENTE ESTÁ TRATANDO DE ACOMODARSE A NUESTRO SISTEMA; Y NOSOTROS DISPUESTOS A AYUDARLOS.
U$50
Y PARA AYUDARLOS A QUE VEAN CÓMO SE VIVE CON LIBERTAD, SUPERABUNDANCIA Y DEMÁS VENTAJAS, LOS DEJAMOS VENIR A MIRAR. . .
¡BRRRRMMM! ¡BRRRRMM!
¡NIET PRAVDA!
....¡Y MÁS!.......¡¡Y MÁS!!..........

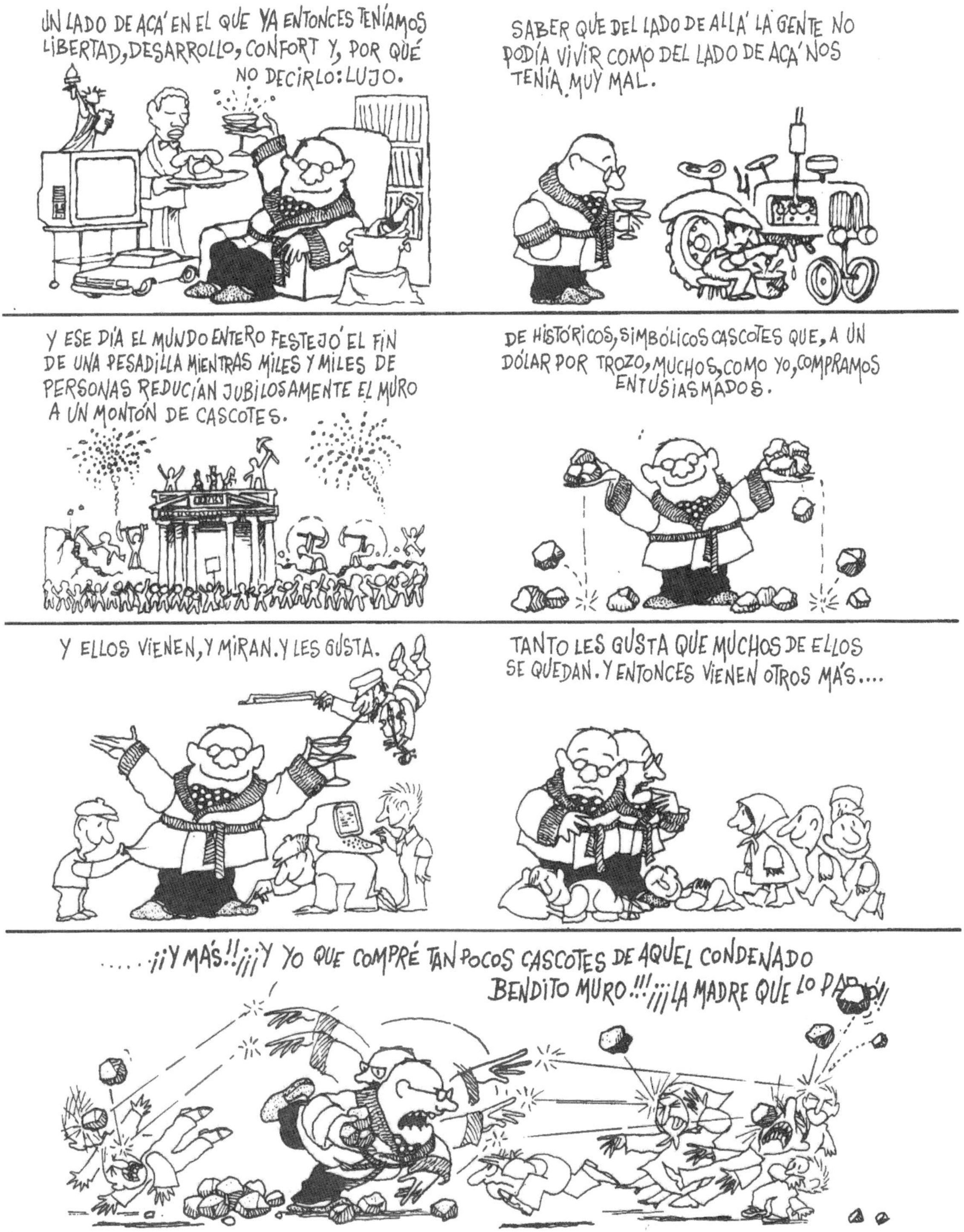

UN LADO DE ACÁ EN EL QUE YA ENTONCES TENÍAMOS LIBERTAD, DESARROLLO, CONFORT Y, POR QUÉ NO DECIRLO: LUJO.
SABER QUE DEL LADO DE ALLÁ LA GENTE NO PODÍA VIVIR COMO DEL LADO DE ACÁ NOS TENÍA MUY MAL.
Y ESE DÍA EL MUNDO ENTERO FESTEJÓ EL FIN DE UNA PESADILLA MIENTRAS MILES Y MILES DE PERSONAS REDUCÍAN JUBILOSAMENTE EL MURO A UN MONTÓN DE CASCOTES.
DE HISTÓRICOS, SIMBÓLICOS CASCOTES QUE, A UN DÓLAR POR TROZO, MUCHOS, COMO YO, COMPRAMOS ENTUSIASMADOS.
Y ELLOS VIENEN, Y MIRAN. Y LES GUSTA.
TANTO LES GUSTA QUE MUCHOS DE ELLOS SE QUEDAN. Y ENTONCES VIENEN OTROS MÁS....
.....¡¡Y MÁS!! ¡¡¡Y YO QUE COMPRÉ TAN POCOS CASCOTES DE AQUEL CONDENADO BENDITO MURO!!! ¡¡¡LA MADRE QUE LO PA

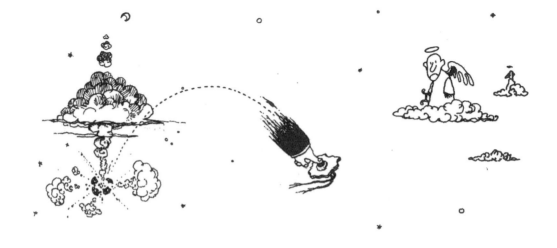

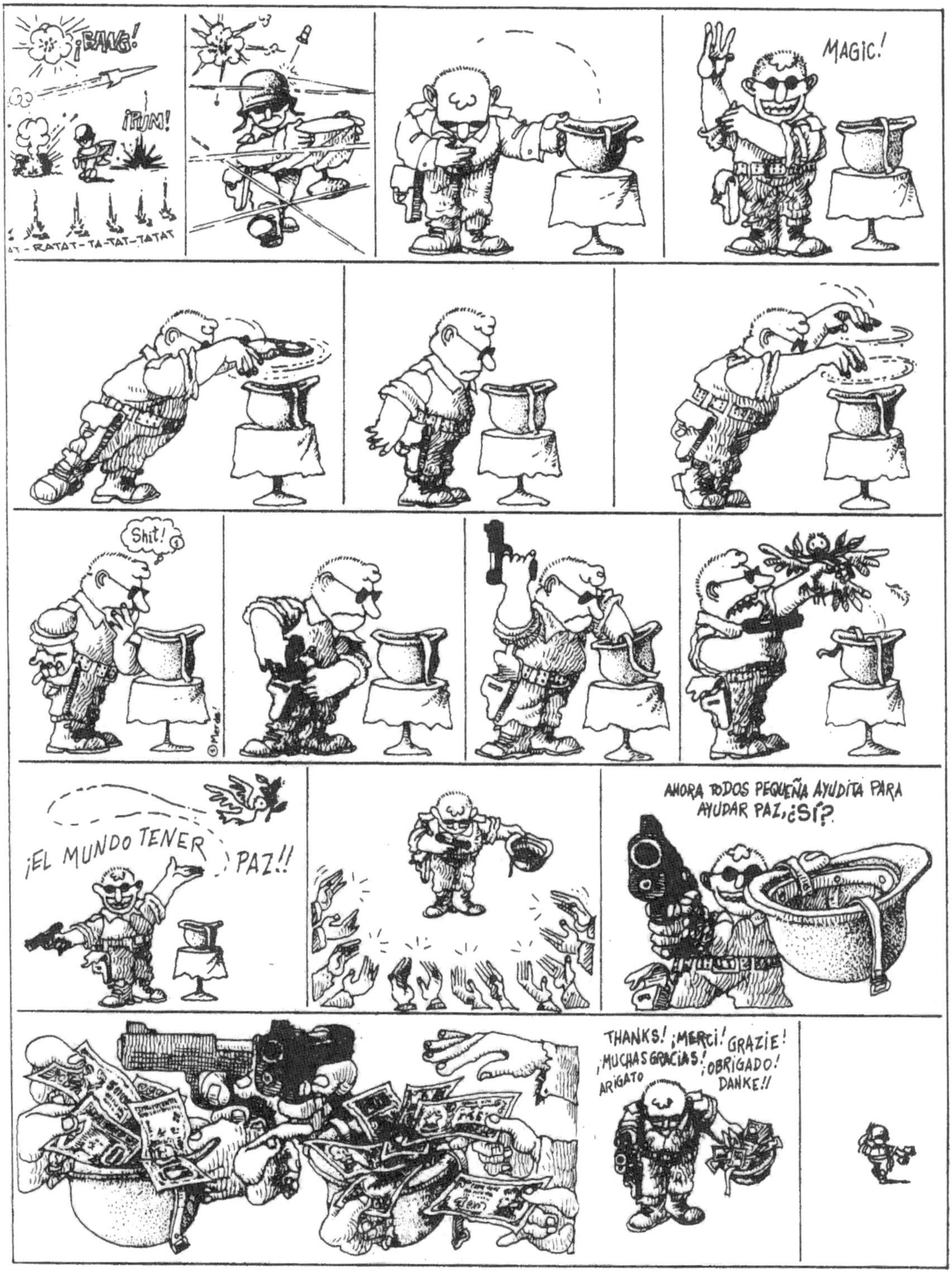
¡BANG!
¡PUM!
AT - RATAT - TA-TAT - TATAT
MAGIC!
Shit! (1)
(1) Merde!
¡EL MUNDO TENER PAZ!!
AHORA TODOS PEQUEÑA AYUDITA PARA AYUDAR PAZ, ¿SÍ?
THANKS! ¡MERCI! GRAZIE!
¡MUCHAS GRACIAS! ¡OBRIGADO!
ARIGATO DANKE!!

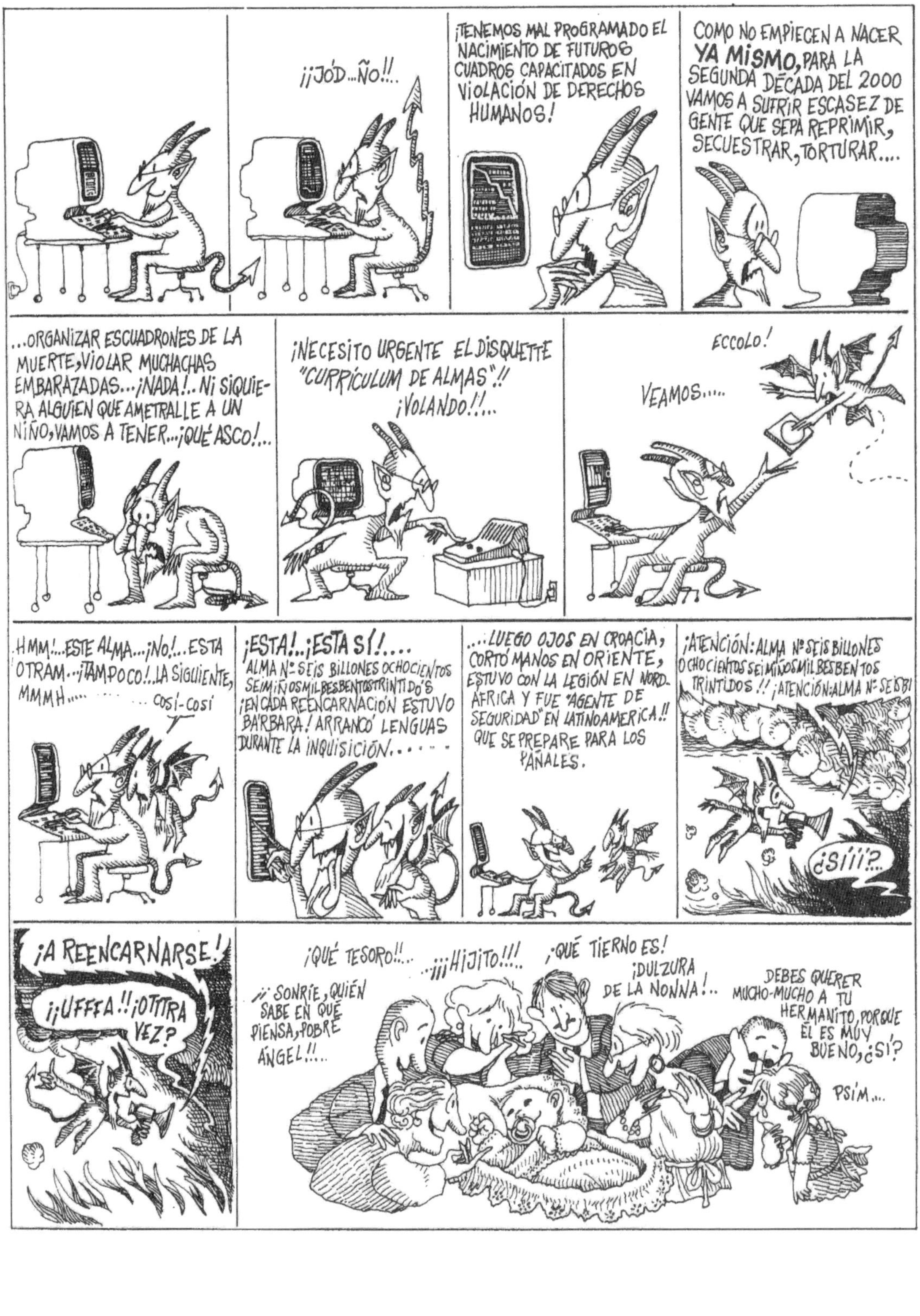

¡¡JOD...ÑO!!..
¡TENEMOS MAL PROGRAMADO EL NACIMIENTO DE FUTUROS CUADROS CAPACITADOS EN VIOLACIÓN DE DERECHOS HUMANOS!
COMO NO EMPIECEN A NACER YA MISMO, PARA LA SEGUNDA DÉCADA DEL 2000 VAMOS A SUFRIR ESCASEZ DE GENTE QUE SEPA REPRIMIR, SECUESTRAR, TORTURAR....
...ORGANIZAR ESCUADRONES DE LA MUERTE, VIOLAR MUCHACHAS EMBARAZADAS...¡NADA!.. NI SIQUIERA ALGUIEN QUE AMETRALLE A UN NIÑO, VAMOS A TENER...¡QUÉ ASCO!...
¡NECESITO URGENTE EL DISQUETTE "CURRÍCULUM DE ALMAS"!!
¡VOLANDO!!...
ECCOLO!
VEAMOS.....
HMM!...ESTE ALMA...¡NO!...ESTA OTRAM...¡TAMPOCO!..LA SIGUIENTE, MMMH..... ....
COSÍ-COSÍ
¡ESTA!..¡ESTA SÍ!....
ALMA Nº SEIS BILLONES OCHOCIENTOS SEIMIÑOSMILBESBENTOSTRINTIDO'S ¡EN CADA REENCARNACIÓN ESTUVO BÁRBARA! ARRANCÓ LENGUAS DURANTE LA INQUISICIÓN......
....LUEGO OJOS EN CROACIA, CORTÓ MANOS EN ORIENTE, ESTUVO CON LA LEGIÓN EN NORD-ÁFRICA Y FUE "AGENTE DE SEGURIDAD" EN LATINOAMÉRICA!! QUE SE PREPARE PARA LOS PAÑALES.
¡ATENCIÓN: ALMA Nº SEIS BILLONES OCHOCIENTOS SEIMIÑOSMILBESBENTOS TRINTIDOS!! ¡ATENCIÓN: ALMA Nº SEISBI
¿SÍÍÍ?
¡A REENCARNARSE!
¡¡UFFFA!! ¡OTTTRA VEZ?
¡QUÉ TESORO!!...
...¡¡¡HIJITO!!!
¡QUÉ TIERNO ES!
¡DULZURA DE LA NONNA!...
¡¡ SONRÍE, QUIÉN SABE EN QUÉ PIENSA, POBRE ÁNGEL!!...
DEBES QUERER MUCHO-MUCHO A TU HERMANITO, PORQUE ÉL ES MUY BUENO, ¿SÍ?
PSÍM...

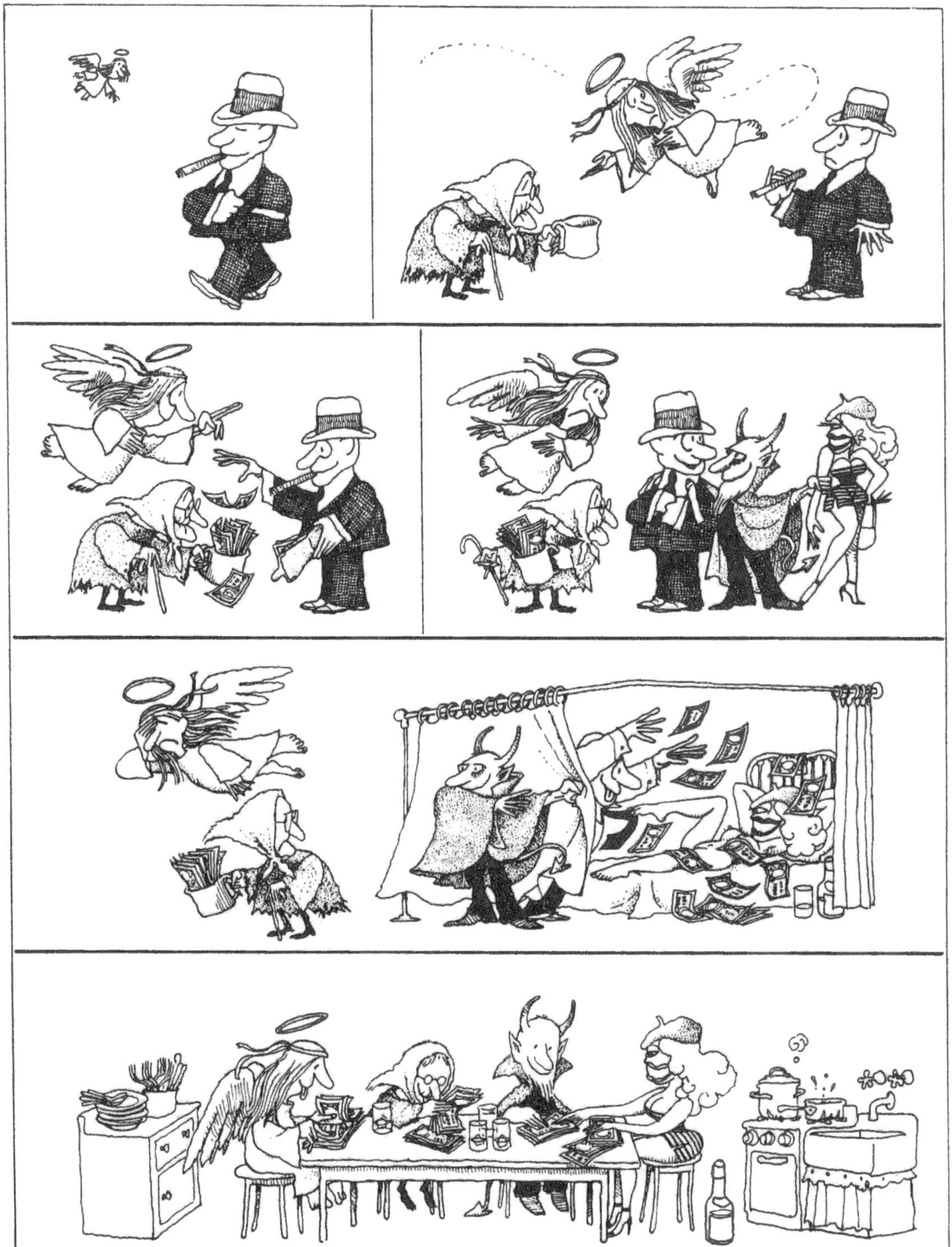

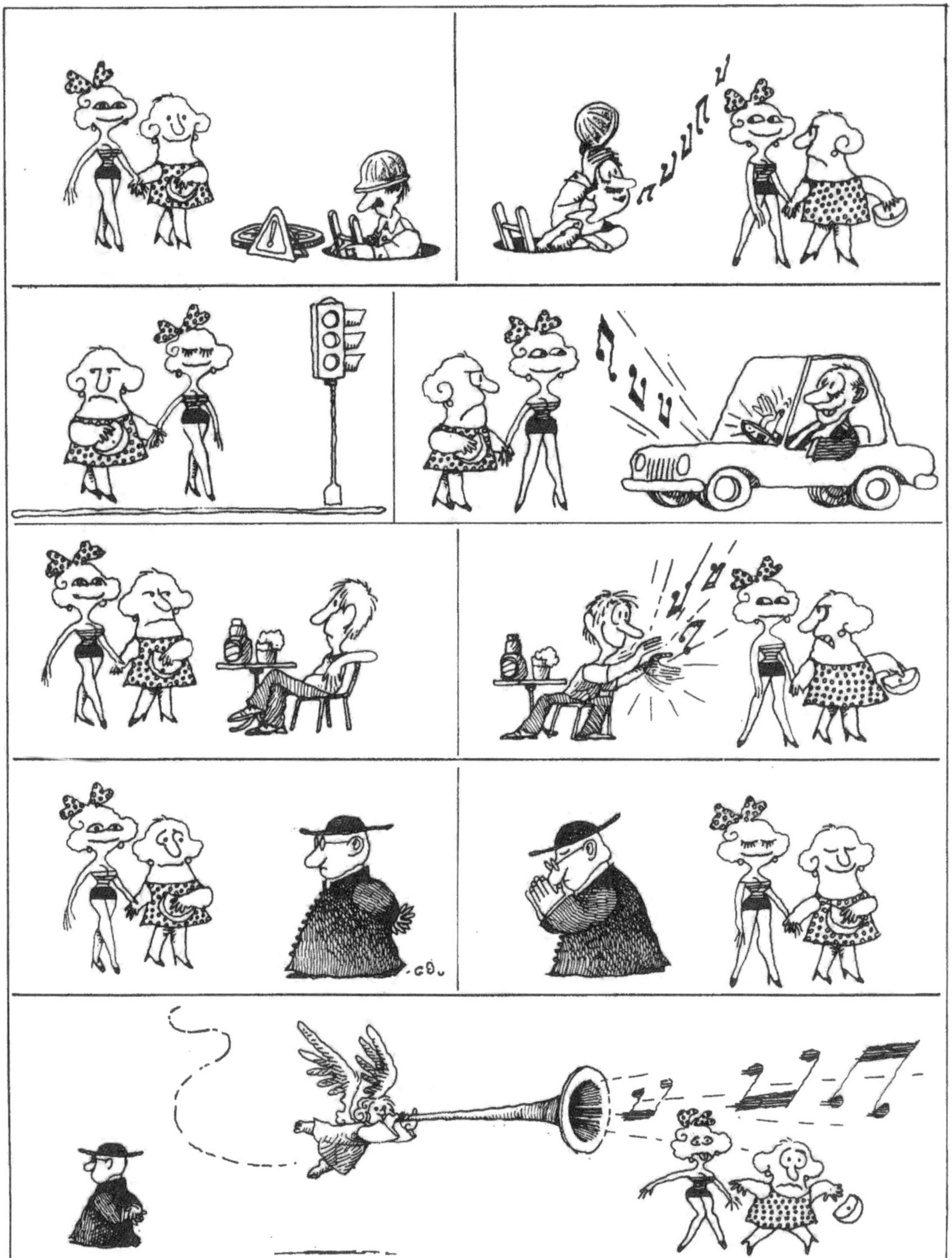

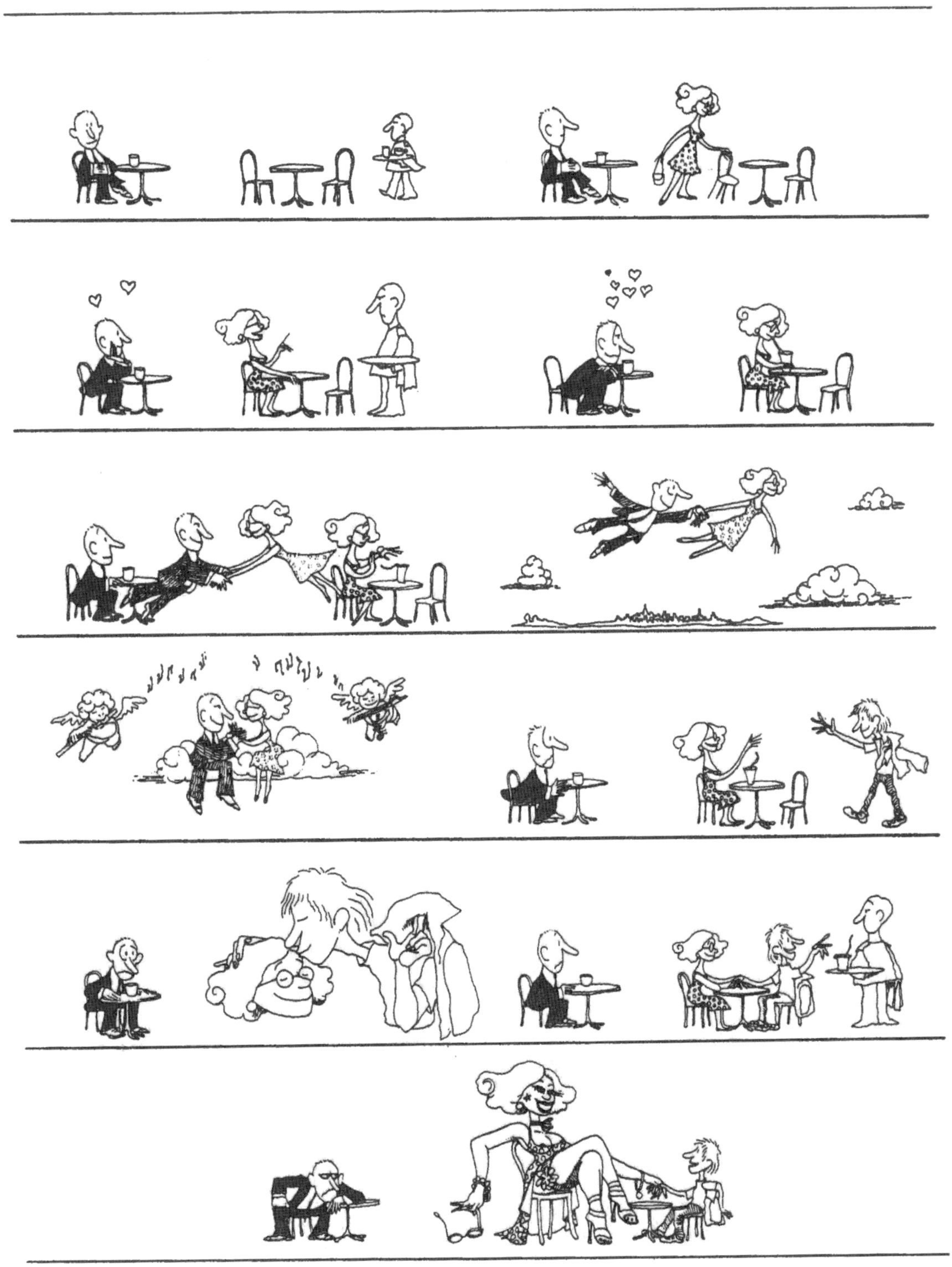

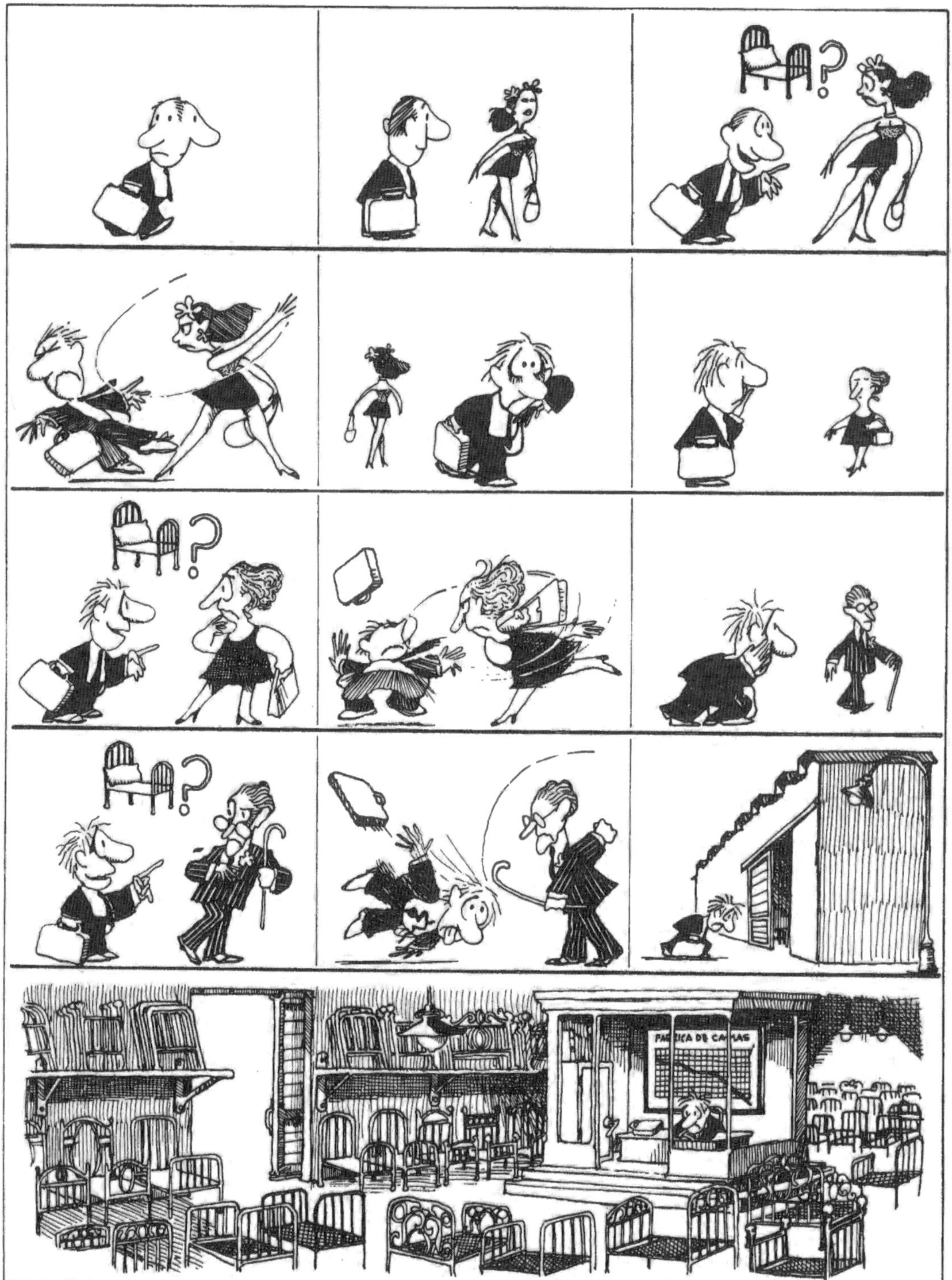

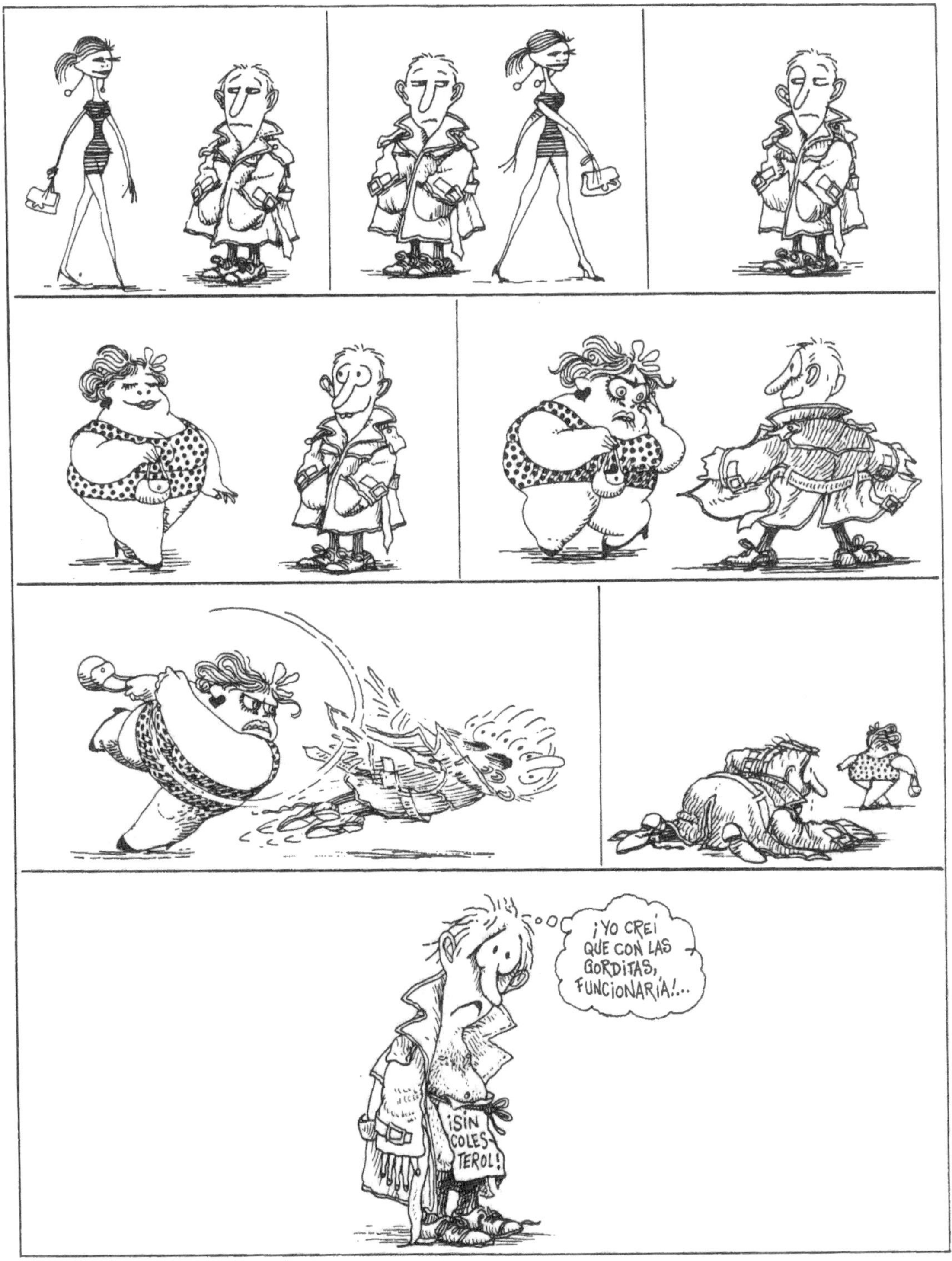
¡YO CREí QUE CON LAS GORDITAS, FUNCIONARíA!...
¡SIN COLES-TEROL!

"COSTILLITAS DE LECHAL CON SU MAYONNAISE AL ENELDO" ¿QUÉ TAL, ESO?

AH, QUE MEJOR NO.... SI, ENTIENDO.... EL COLESTEROL... CLARO

ENTONCES..... A VER.... "RIÑONCITOS ESCALOPADOS EN SALSA DE CHAMPIGNONS SAUVAGES"

¿CÓMO!..¡TAMPOC...? ¡¡LOS RIÑONCITOS!?? ¿¡ÁCIDO ÚRICO!!?....¡NO ME DIGA!!...

PUEEES...¡ESTO!: "CALDILLO DE MARISCOS EN VINO BLANCO CON CROÛTONS ÉPICÉS AL AJILLO"

¿LOS MARISCOS?¡¡ PERO SI NO TIENEN GRASA, ¿QUÉ COLEST...?...AJHA´..¡AH!.¿Y ADEMÁS, DE VINO NADA, POR LOS TRIGLICÉRIDOS?? PERO ENTONCES........

.....¿QUÉ PUEDO COMER, DOCTOR?

ESCUELA DE ALTA COCINA DIPLOMA

ÉCOLE DE HAUTE CUISINE DIPLÔME GRAND MAITRE CUISINIER

UN TOMATE PARTIDO AL MEDIO. MEDIA PECHUGA DE POLLO, SIN PIEL Y SIN SAL, A LA PARRILLA.

ESTOS TELEFONITOS.....¡CÓMO HAN VENIDO A SIMPLIFICARLE LA VIDA A UNO!

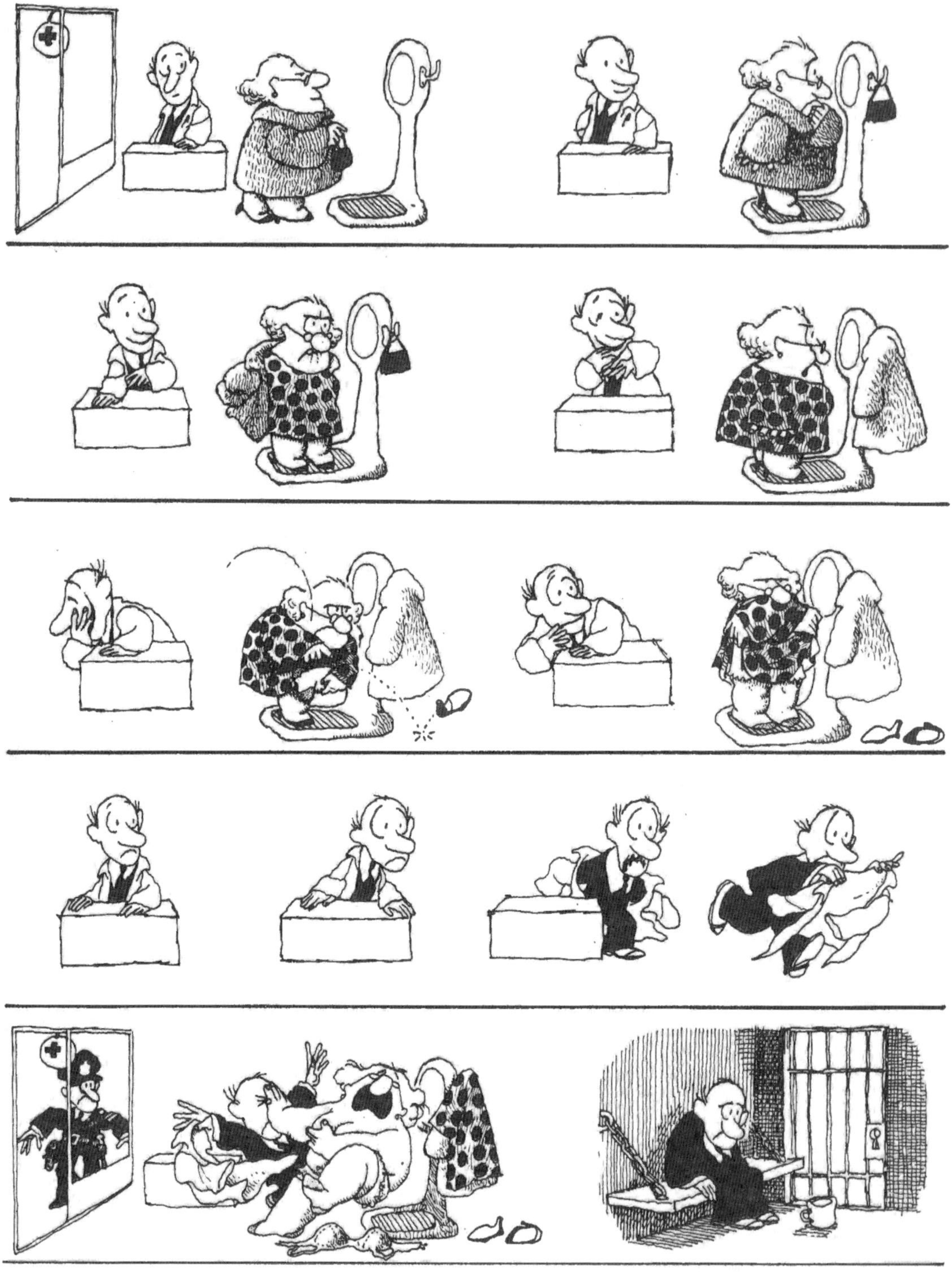

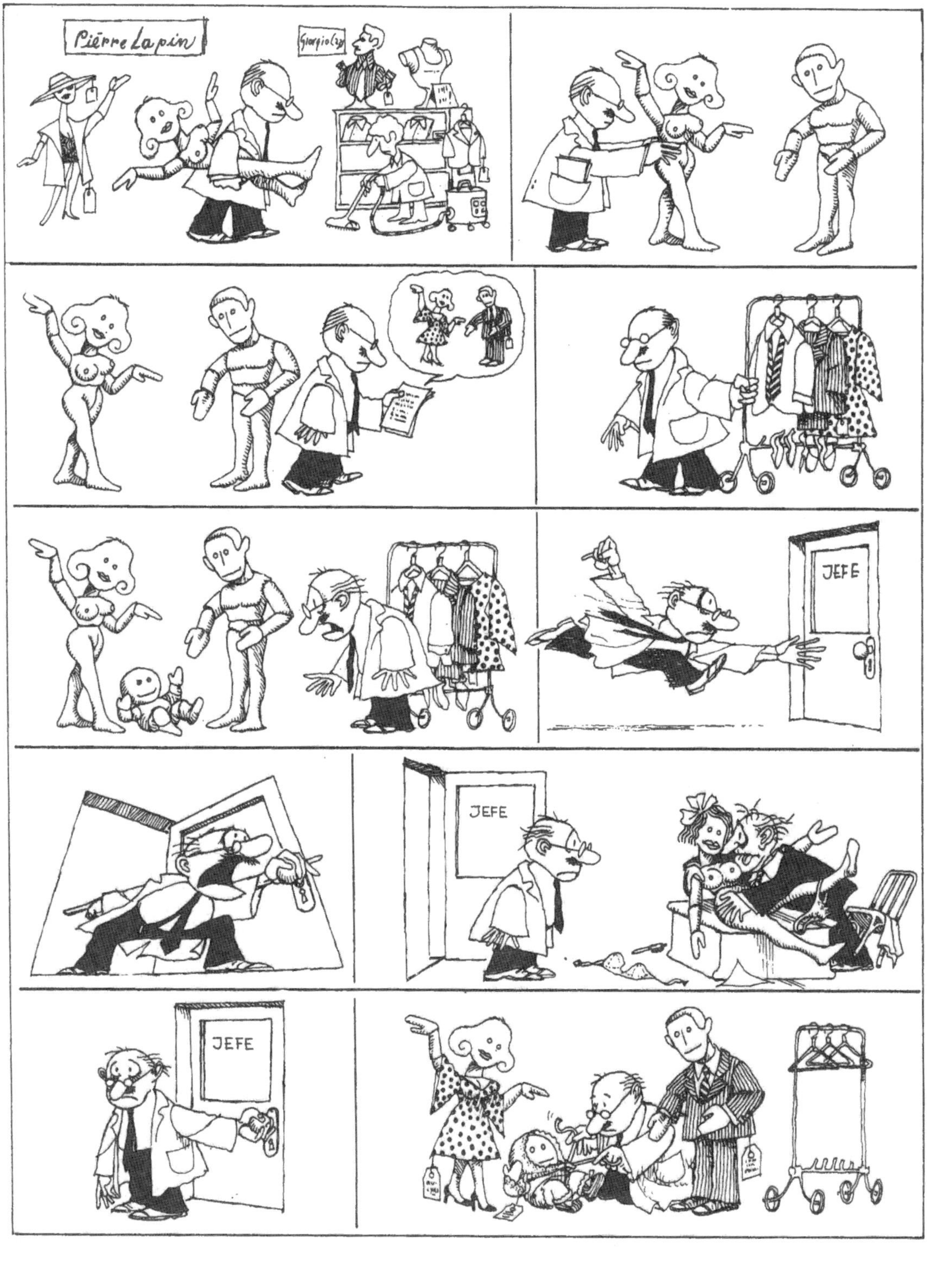
Pierre Lapin
JEFE
JEFE
JEFE

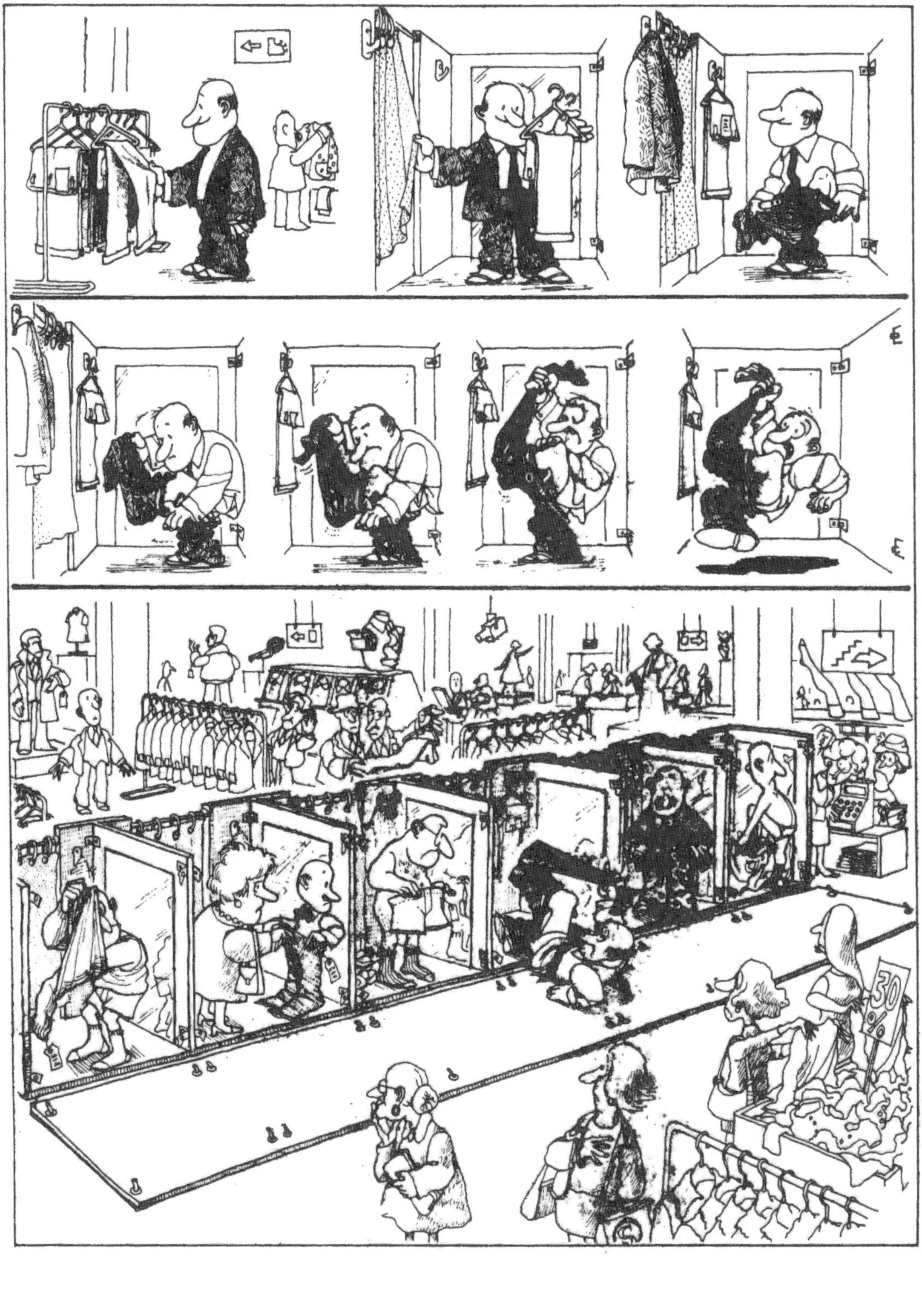
30 %

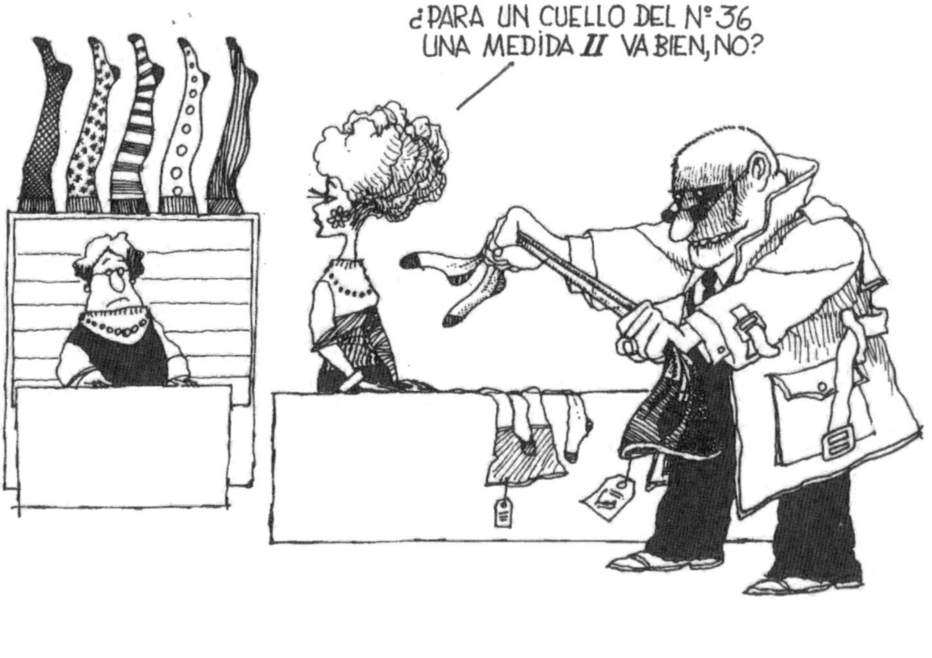
¿PARA UN CUELLO DEL Nº 36
UNA MEDIDA II VA BIEN, NO?

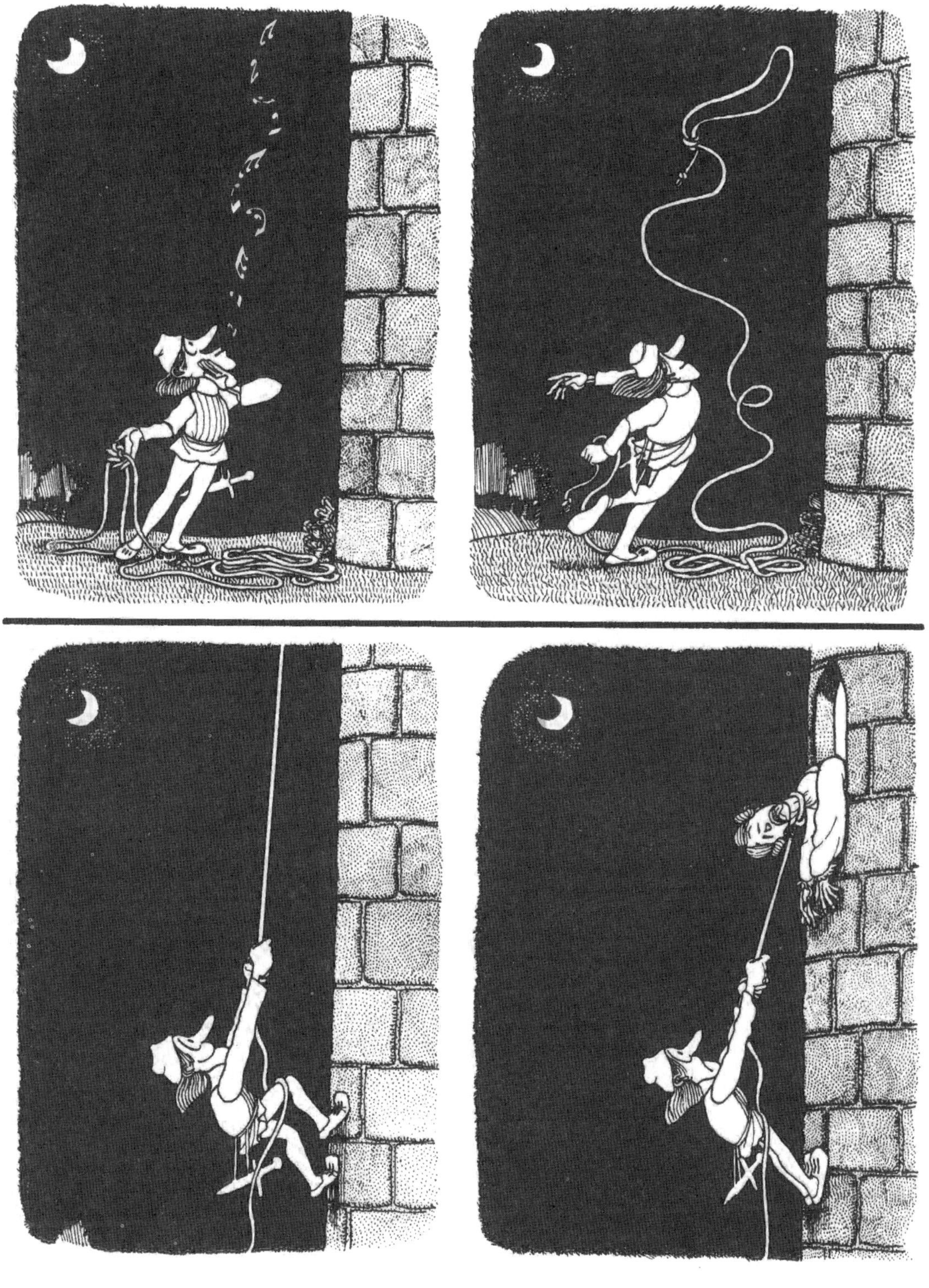

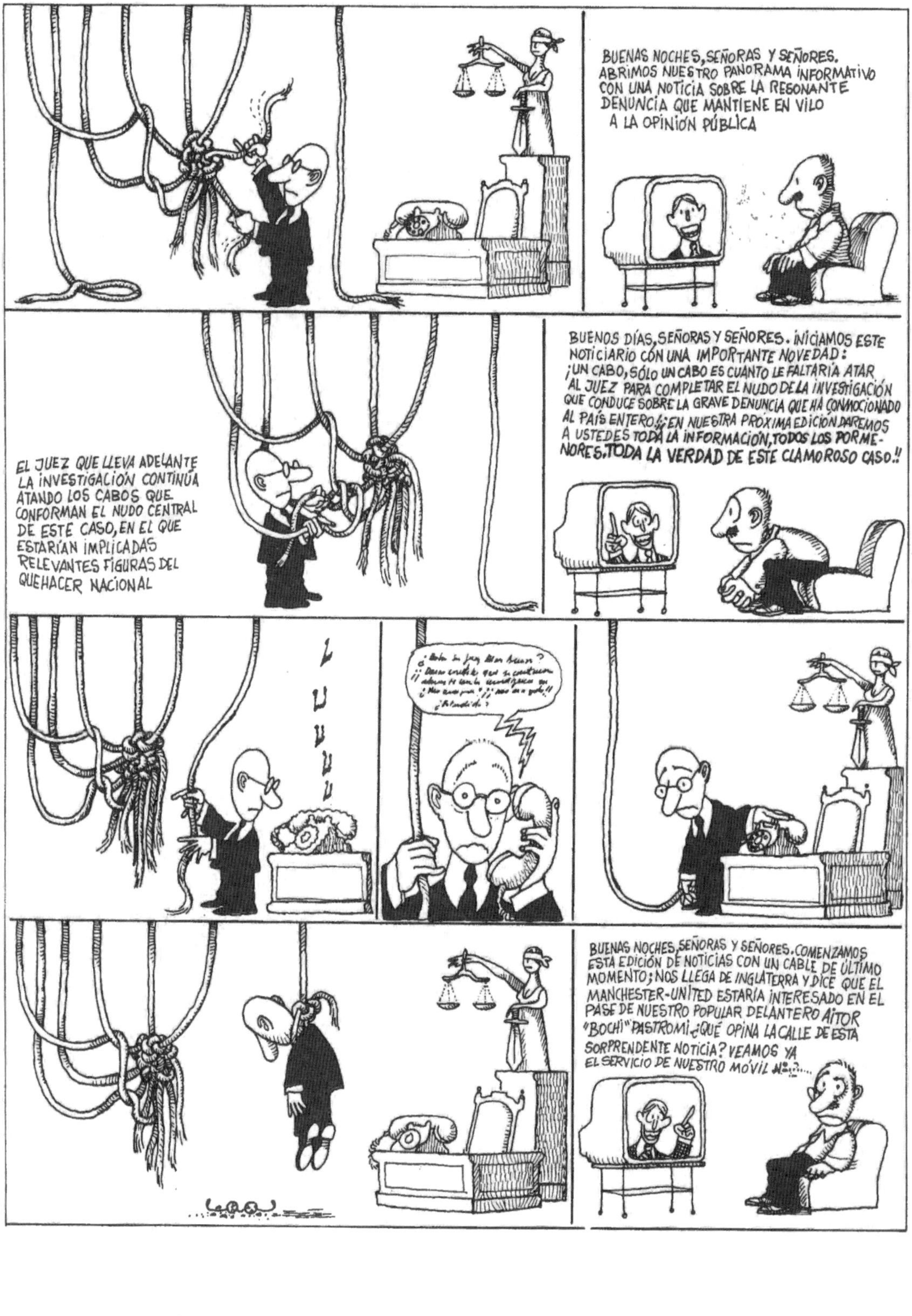
BUENAS NOCHES, SEÑORAS Y SEÑORES. ABRIMOS NUESTRO PANORAMA INFORMATIVO CON UNA NOTICIA SOBRE LA RESONANTE DENUNCIA QUE MANTIENE EN VILO A LA OPINIÓN PÚBLICA
EL JUEZ QUE LLEVA ADELANTE LA INVESTIGACIÓN CONTINÚA ATANDO LOS CABOS QUE CONFORMAN EL NUDO CENTRAL DE ESTE CASO, EN EL QUE ESTARÍAN IMPLICADAS RELEVANTES FIGURAS DEL QUEHACER NACIONAL
BUENOS DÍAS, SEÑORAS Y SEÑORES. INICIAMOS ESTE NOTICIARIO CON UNA IMPORTANTE NOVEDAD: ¡UN CABO, SÓLO UN CABO ES CUANTO LE FALTARÍA ATAR AL JUEZ PARA COMPLETAR EL NUDO DE LA INVESTIGACIÓN QUE CONDUCE SOBRE LA GRAVE DENUNCIA QUE HA CONMOCIONADO AL PAÍS ENTERO! ¡¡EN NUESTRA PRÓXIMA EDICIÓN DAREMOS A USTEDES TODA LA INFORMACIÓN, TODOS LOS PORMENORES. TODA LA VERDAD DE ESTE CLAMOROSO CASO.!!
BUENAS NOCHES, SEÑORAS Y SEÑORES. COMENZAMOS ESTA EDICIÓN DE NOTICIAS CON UN CABLE DE ÚLTIMO MOMENTO; NOS LLEGA DE INGLATERRA Y DICE QUE EL MANCHESTER-UNITED ESTARÍA INTERESADO EN EL PASE DE NUESTRO POPULAR DELANTERO AITOR "BOCHI" PASTROMI. ¿QUÉ OPINA LA CALLE DE ESTA SORPRENDENTE NOTICIA? VEAMOS YA EL SERVICIO DE NUESTRO MÓVIL Nº 3......

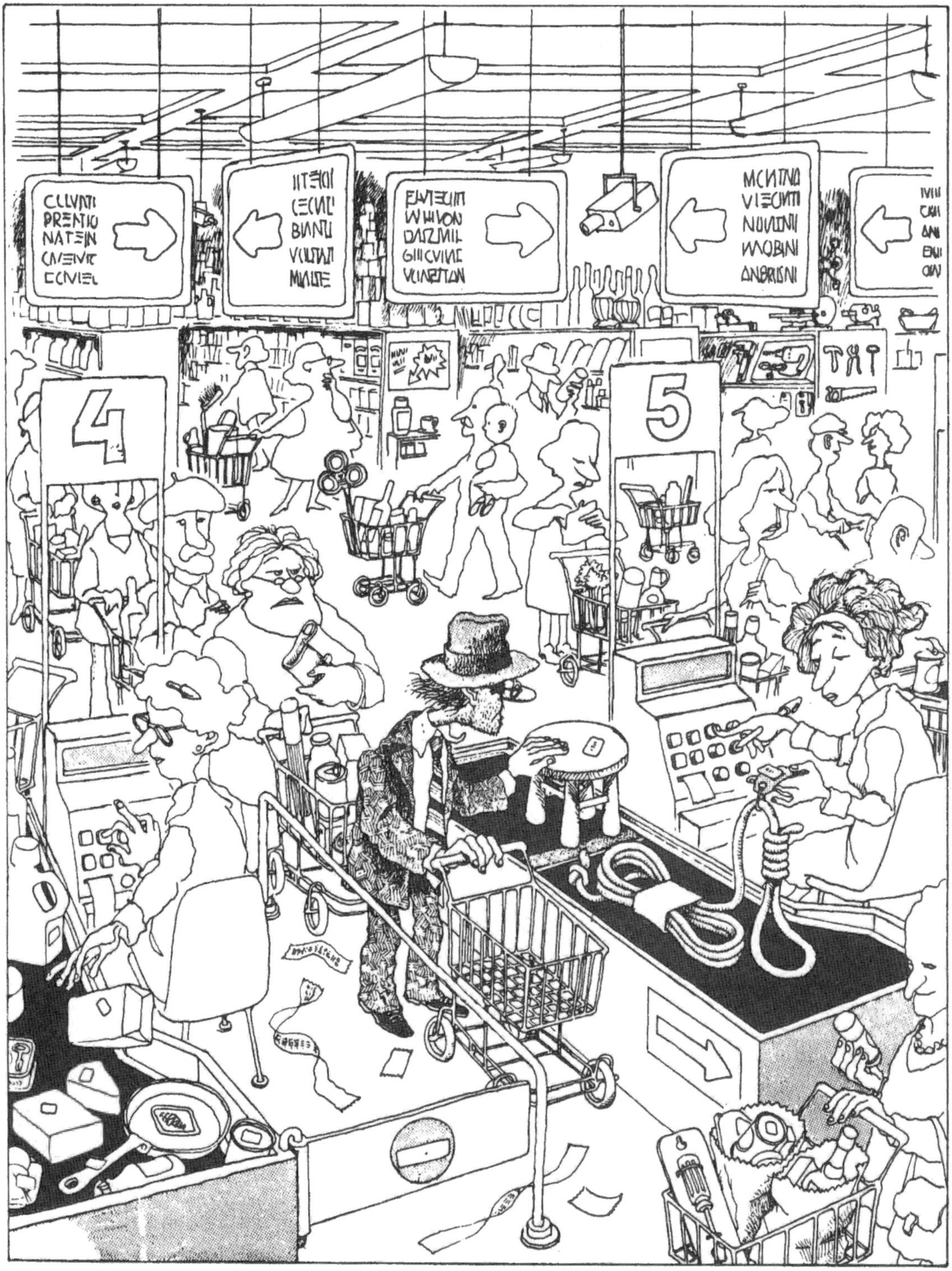
4
5

¿NATURALEZA? ¡SI!
a nadie se culpe de mi de-
cision
NATUR-BLOCK • PAPEL RECICLADO

Sr Juez
Yogour
MAGRO

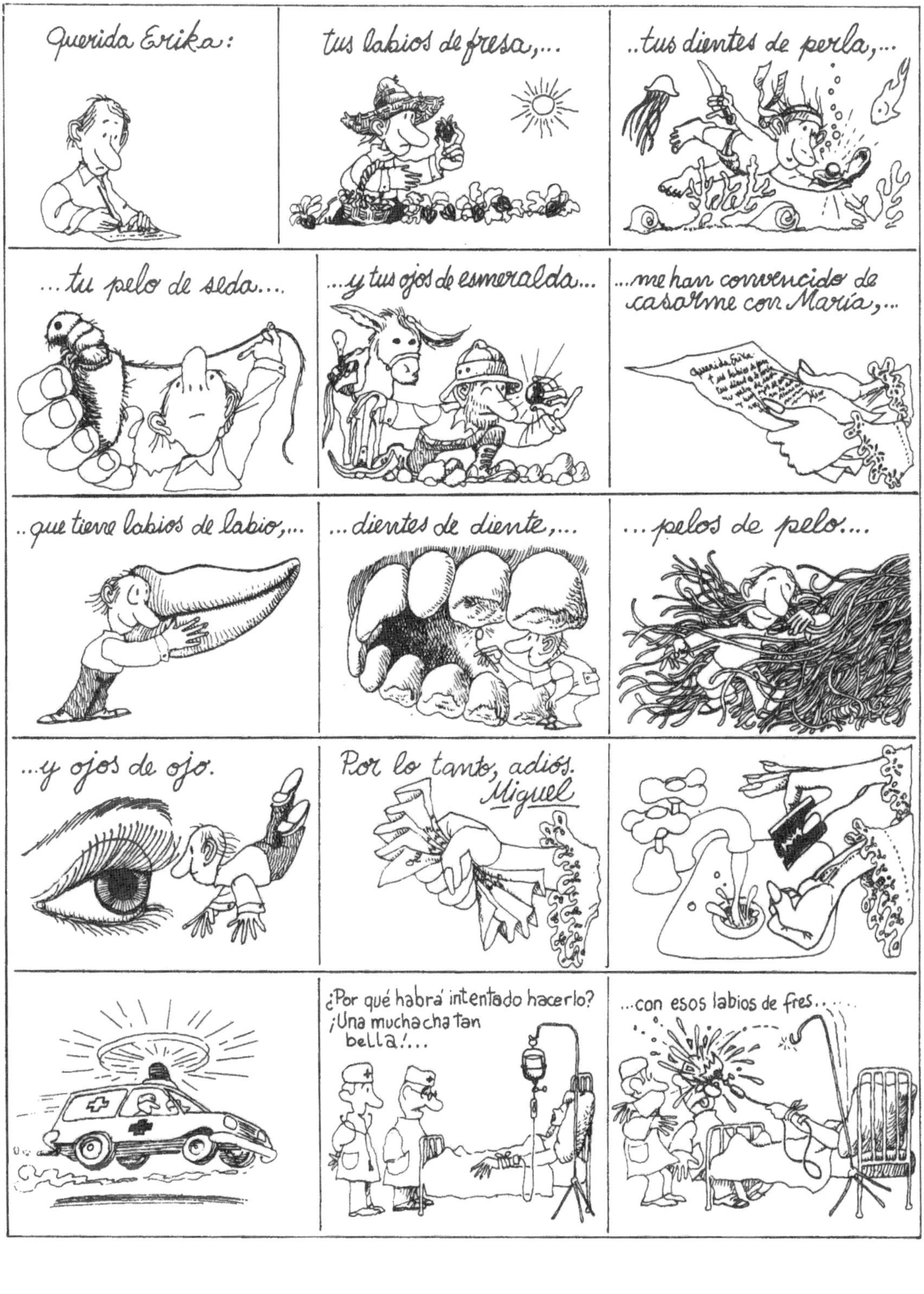
Querida Erika:
tus labios de fresa,...
..tus dientes de perla,...
...tu pelo de seda....
...y tus ojos de esmeralda...
...me han convencido de casarme con María,...
..que tiene labios de labio,...
...dientes de diente,...
...pelos de pelo....
...y ojos de ojo.
Por lo tanto, adiós.
Miguel
¿Por qué habrá intentado hacerlo? ¡Una muchacha tan bella!...
...con esos labios de fres......

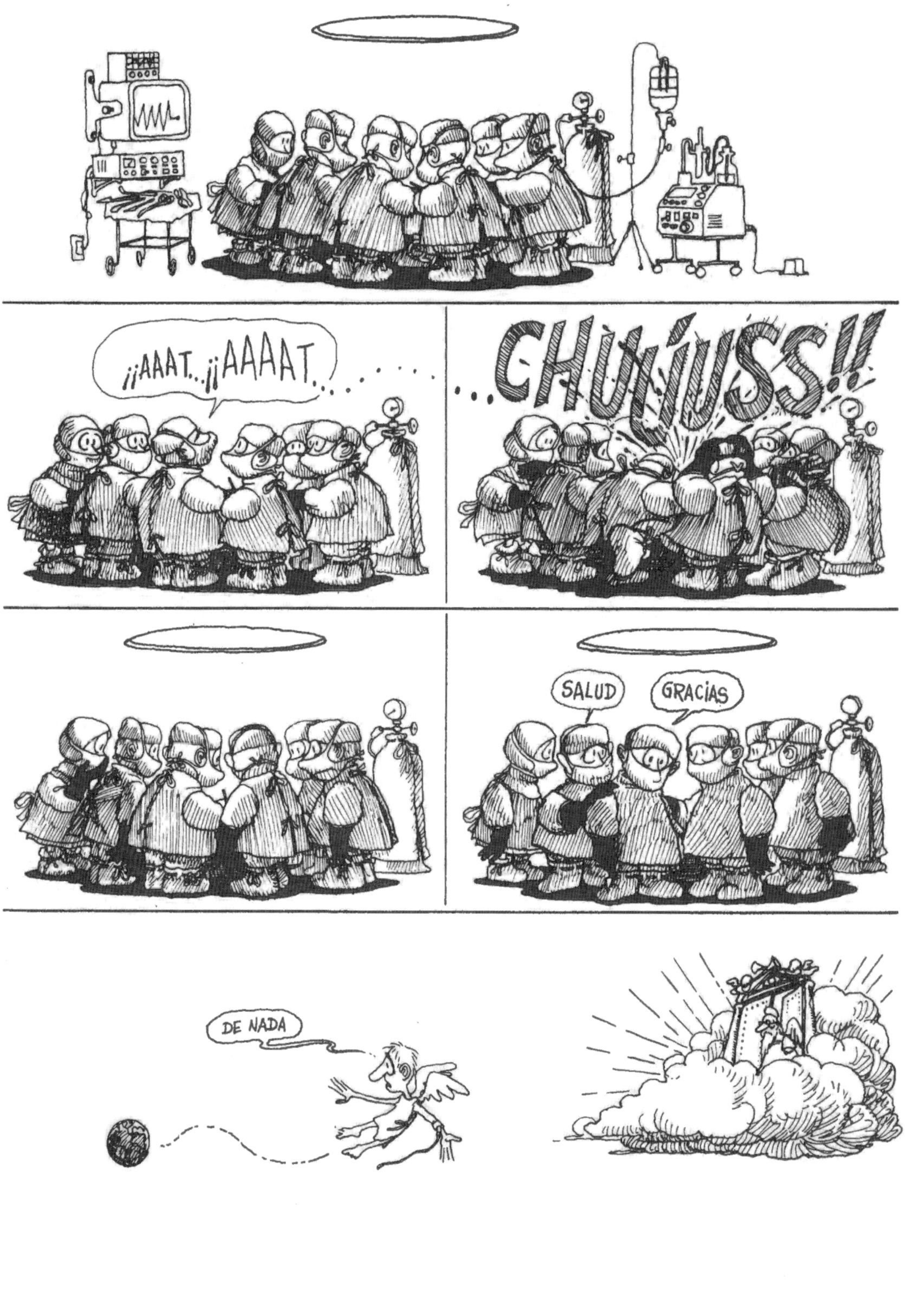
¡¡AAAT...¡¡AAAAT...
...CHUÚUSS!!
SALUD
GRACIAS
DE NADA

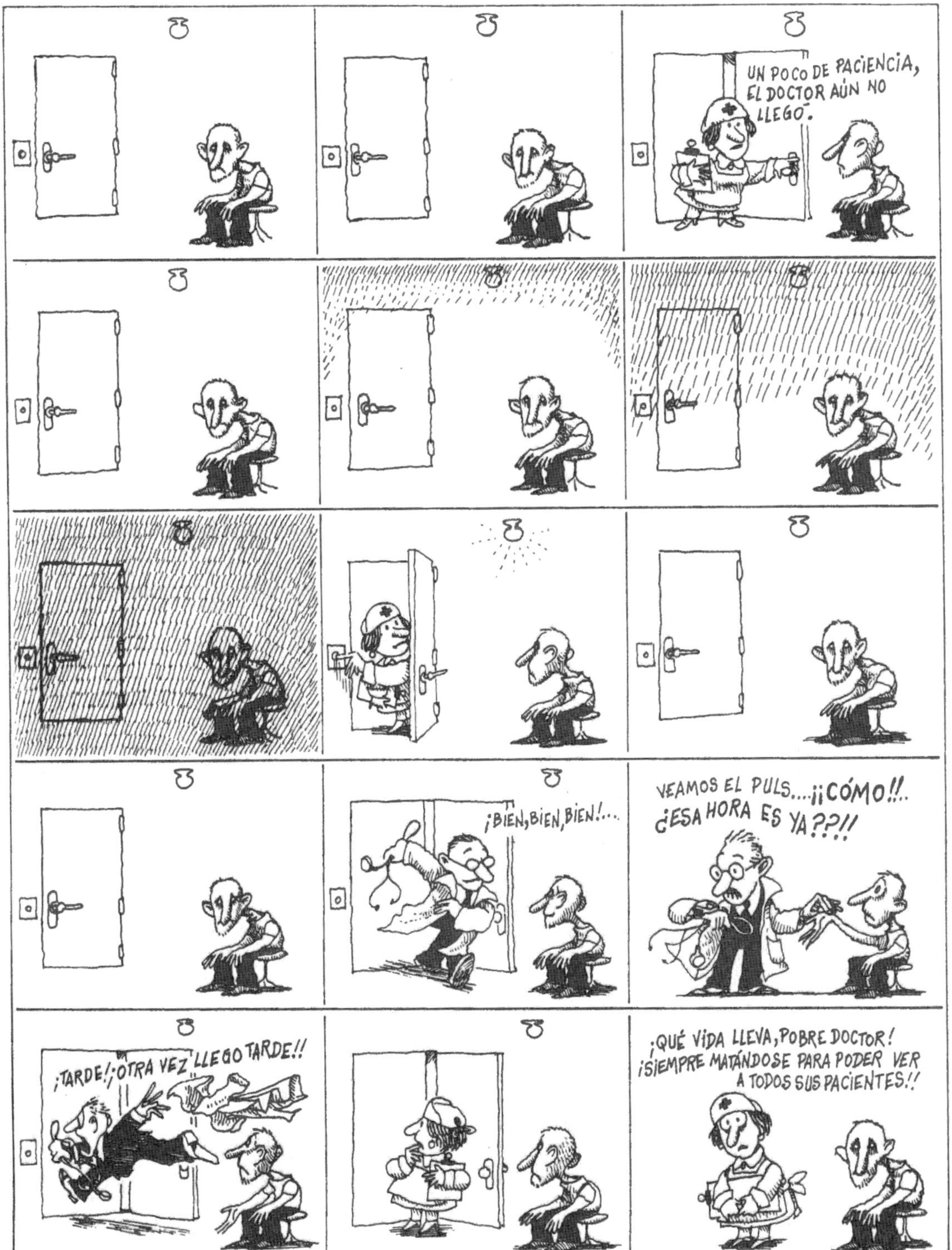
UN POCO DE PACIENCIA, EL DOCTOR AÚN NO LLEGÓ.
¡BIEN, BIEN, BIEN!...
VEAMOS EL PULS....¡¡CÓMO!!.
¿ESA HORA ES YA??!!
¡TARDE! ¡OTRA VEZ LLEGO TARDE!!
¡QUÉ VIDA LLEVA, POBRE DOCTOR! ¡SIEMPRE MATÁNDOSE PARA PODER VER A TODOS SUS PACIENTES!!

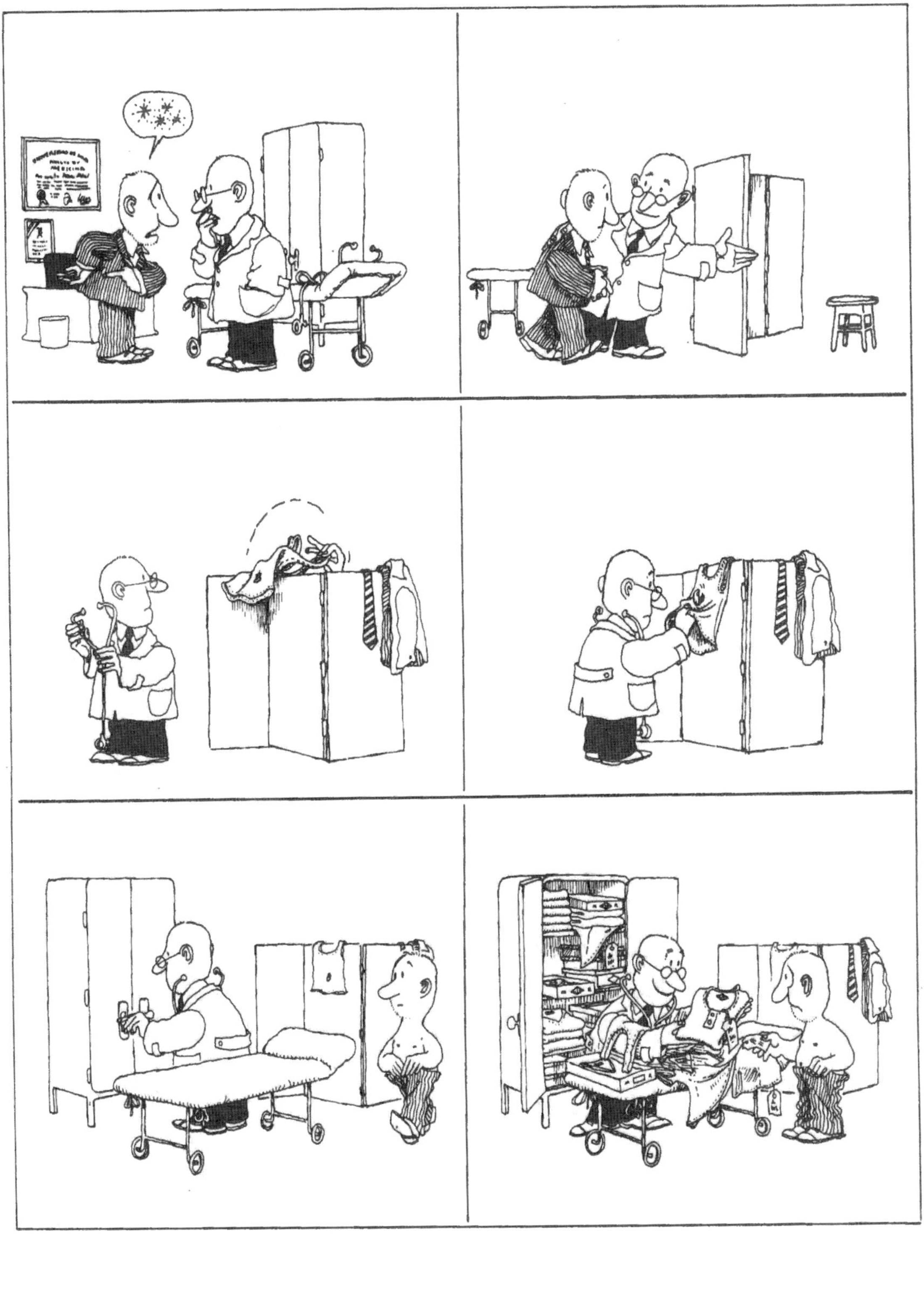

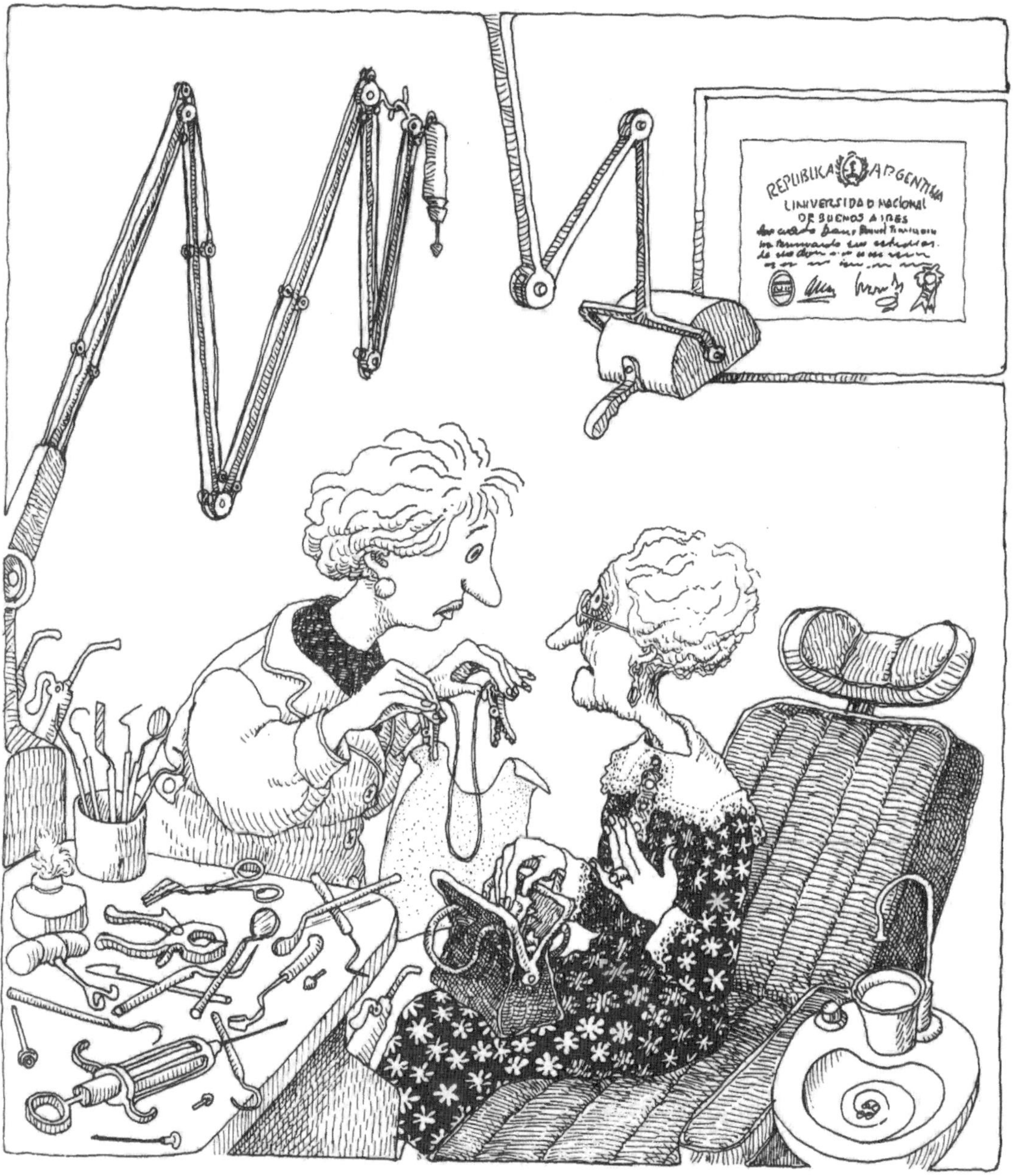
REPUBLICA ARGENTINA
UNIVERSIDAD NACIONAL
DE BUENOS AIRES

– VEA, DOCTORA, LE SOY FRANCA: YO SIGO MUY ATENTAMENTE TODAS ESTAS CAMPAÑAS QUE ALERTAN SOBRE LOS RIESGOS DE CONTRAER EL SIDA, Y USTED PERDONE, ¿NO? PERO SÉ QUE AQUÍ, EN UN CONSULTORIO, ESOS RIESGOS EXISTEN, ¡Y MUCHO!, ASÍ QUE YO FUÍ, COMPRÉ Y TRAJE. PERO LO QUE SINCERAMENTE NO ENTIENDO ES DÓNDE DIABLOS DEBEMOS COLOCARNOS ESTOS BENDITOS PRESERVATIVOS. ¿USTED UNO EN CADA DEDO?, ¿YO EN LOS DIENTES?... ¿DÓNDE, DOCTORA, DÓNDE?

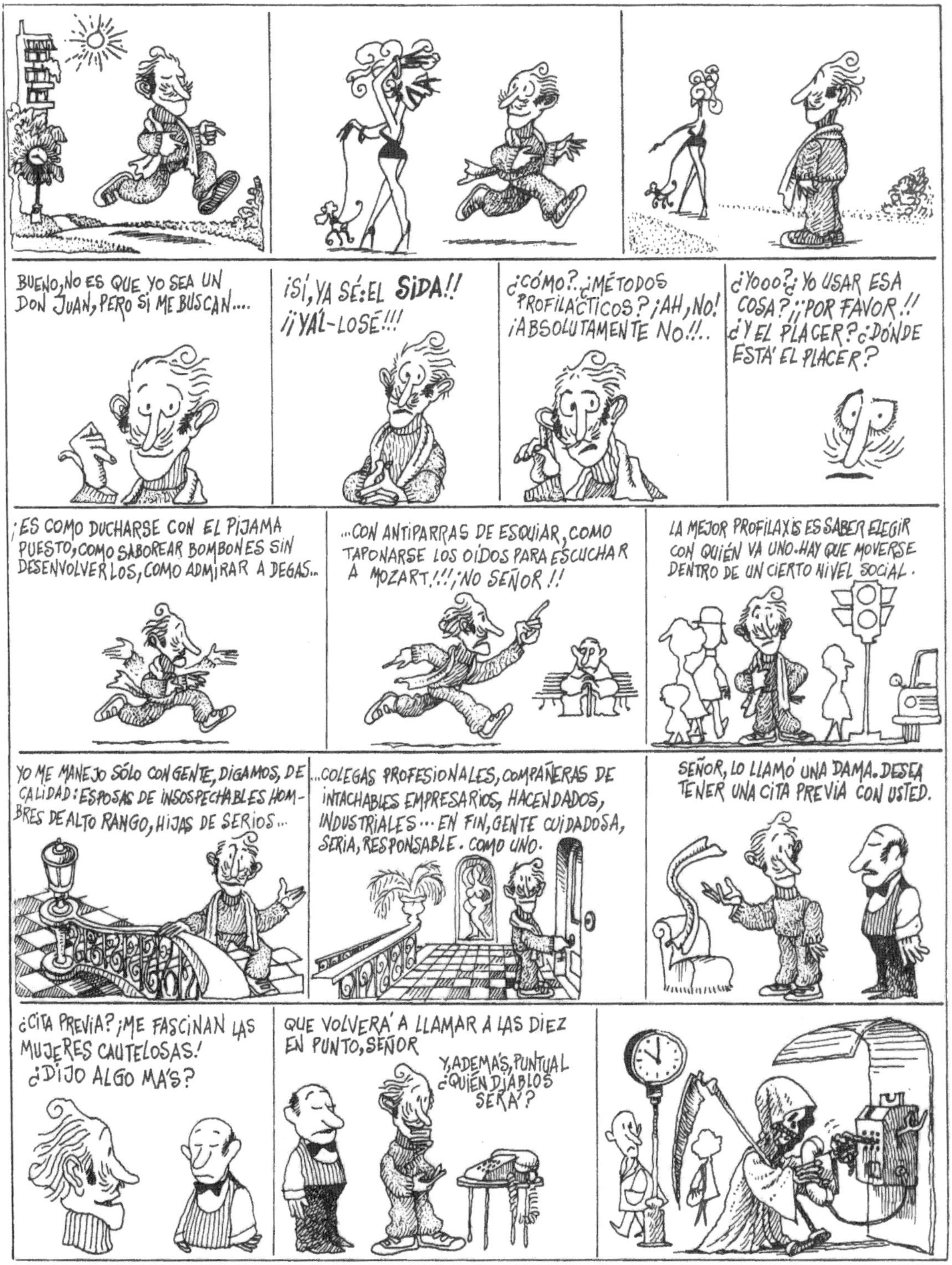
BUENO, NO ES QUE YO SEA UN DON JUAN, PERO SÍ ME BUSCAN....
¡SÍ, YA SÉ: EL SIDA!! ¡¡YAL-LOSÉ!!!
¿CÓMO?..¿MÉTODOS PROFILÁCTICOS? ¡AH, NO! ¡ABSOLUTAMENTE NO!!..
¿YOOO? ¿YO USAR ESA COSA? ¡¡POR FAVOR!! ¿Y EL PLACER? ¿DÓNDE ESTÁ EL PLACER?
¡ES COMO DUCHARSE CON EL PIJAMA PUESTO, COMO SABOREAR BOMBONES SIN DESENVOLVERLOS, COMO ADMIRAR A DEGAS..
...CON ANTIPARRAS DE ESQUIAR, COMO TAPONARSE LOS OÍDOS PARA ESCUCHAR A MOZART.!!; ¡NO SEÑOR!!
LA MEJOR PROFILAXIS ES SABER ELEGIR CON QUIÉN VA UNO. HAY QUE MOVERSE DENTRO DE UN CIERTO NIVEL SOCIAL.
YO ME MANEJO SÓLO CON GENTE, DIGAMOS, DE CALIDAD: ESPOSAS DE INSOSPECHABLES HOMBRES DE ALTO RANGO, HIJAS DE SERIOS...
...COLEGAS PROFESIONALES, COMPAÑERAS DE INTACHABLES EMPRESARIOS, HACENDADOS, INDUSTRIALES... EN FIN, GENTE CUIDADOSA, SERIA, RESPONSABLE. COMO UNO.
SEÑOR, LO LLAMÓ UNA DAMA. DESEA TENER UNA CITA PREVIA CON USTED.
¿CITA PREVIA? ¡ME FASCINAN LAS MUJERES CAUTELOSAS! ¿DIJO ALGO MÁS?
QUE VOLVERÁ A LLAMAR A LAS DIEZ EN PUNTO, SEÑOR
Y, ADEMÁS, PUNTUAL ¿QUIÉN DIABLOS SERÁ?

—¡NO, HIJO, NO!...¡LOS ANILLOS!...¡LOS OTROS ANILLOS!

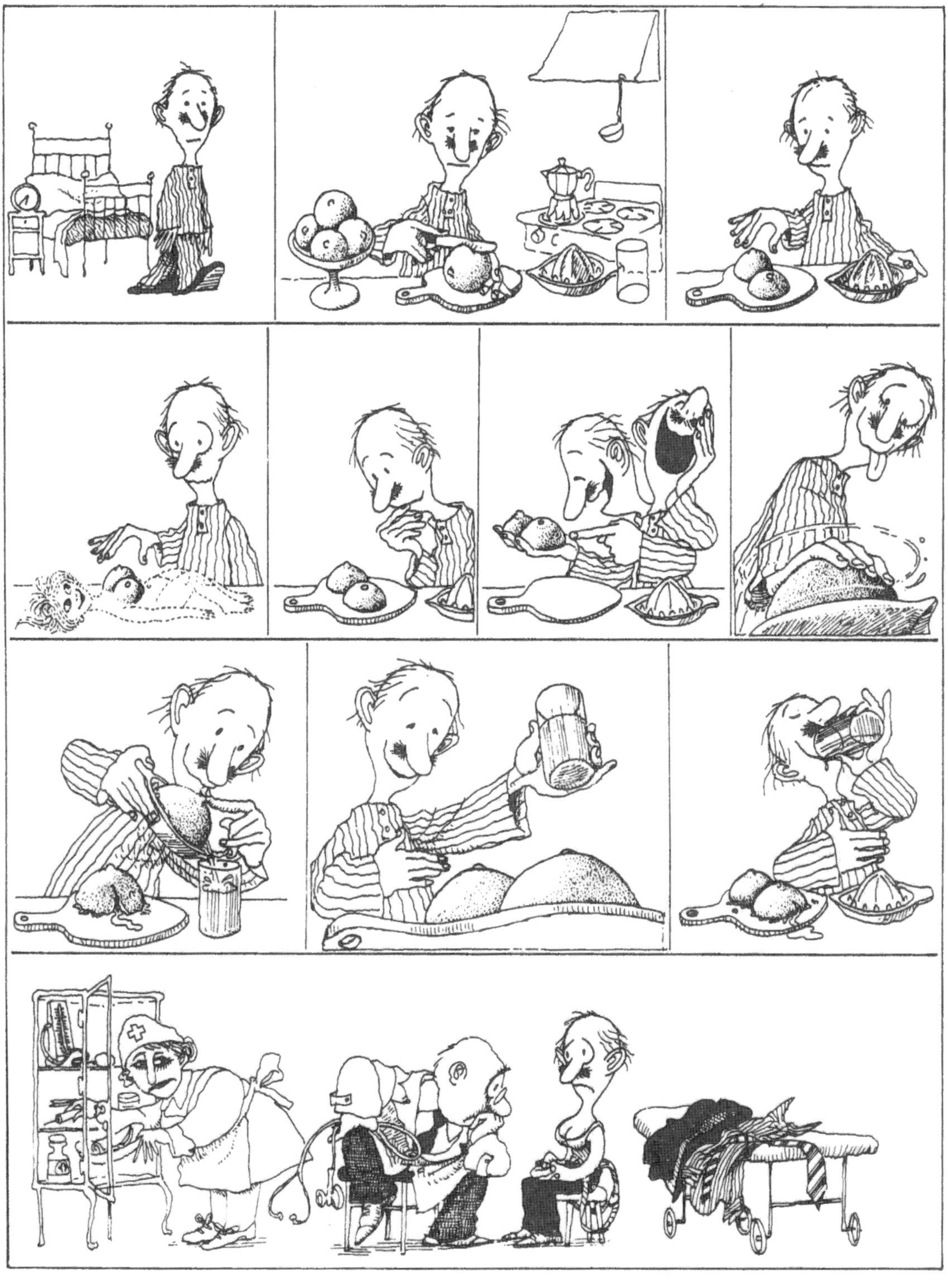

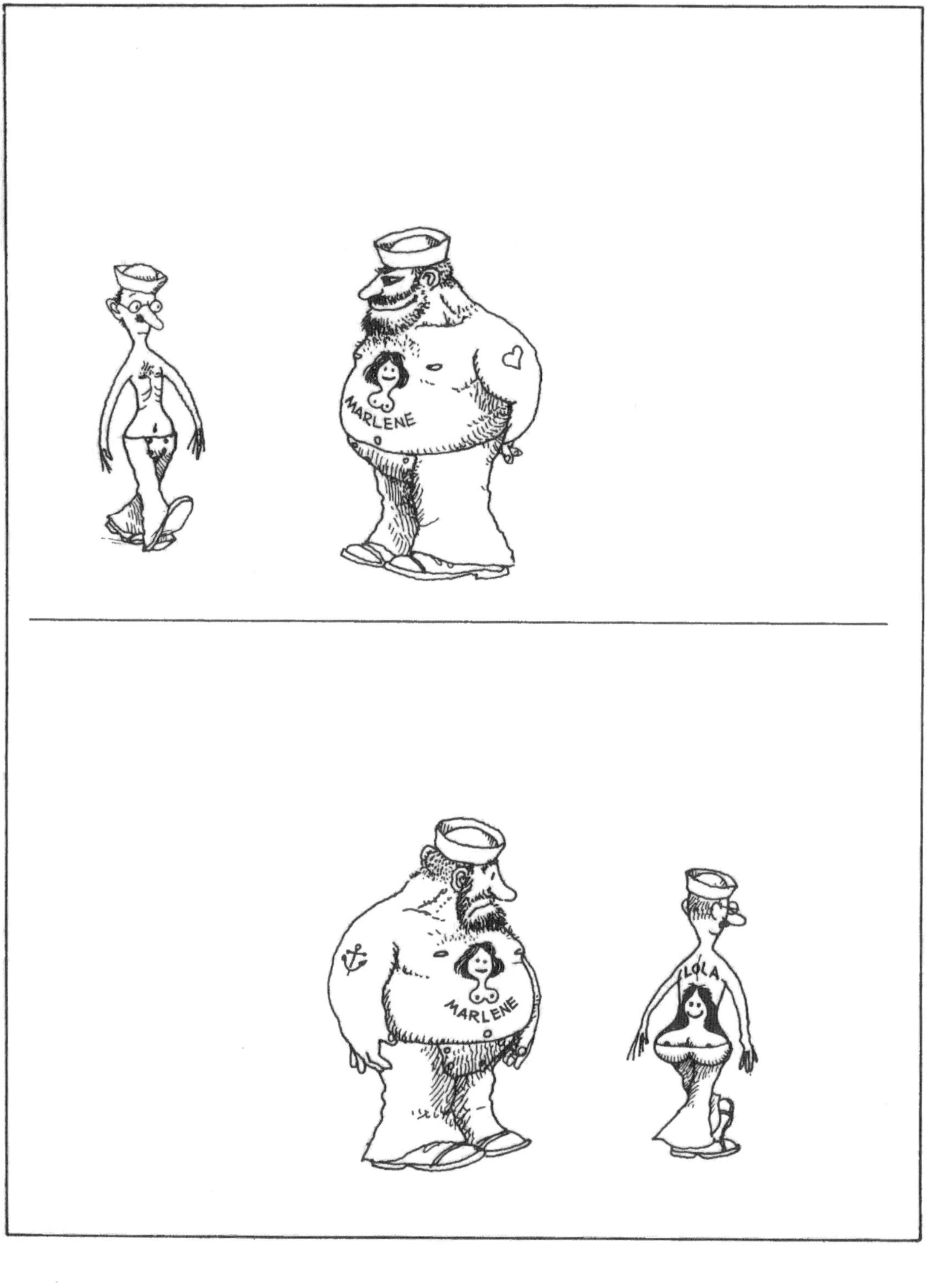
MARLENE
MARLENE
LOLA

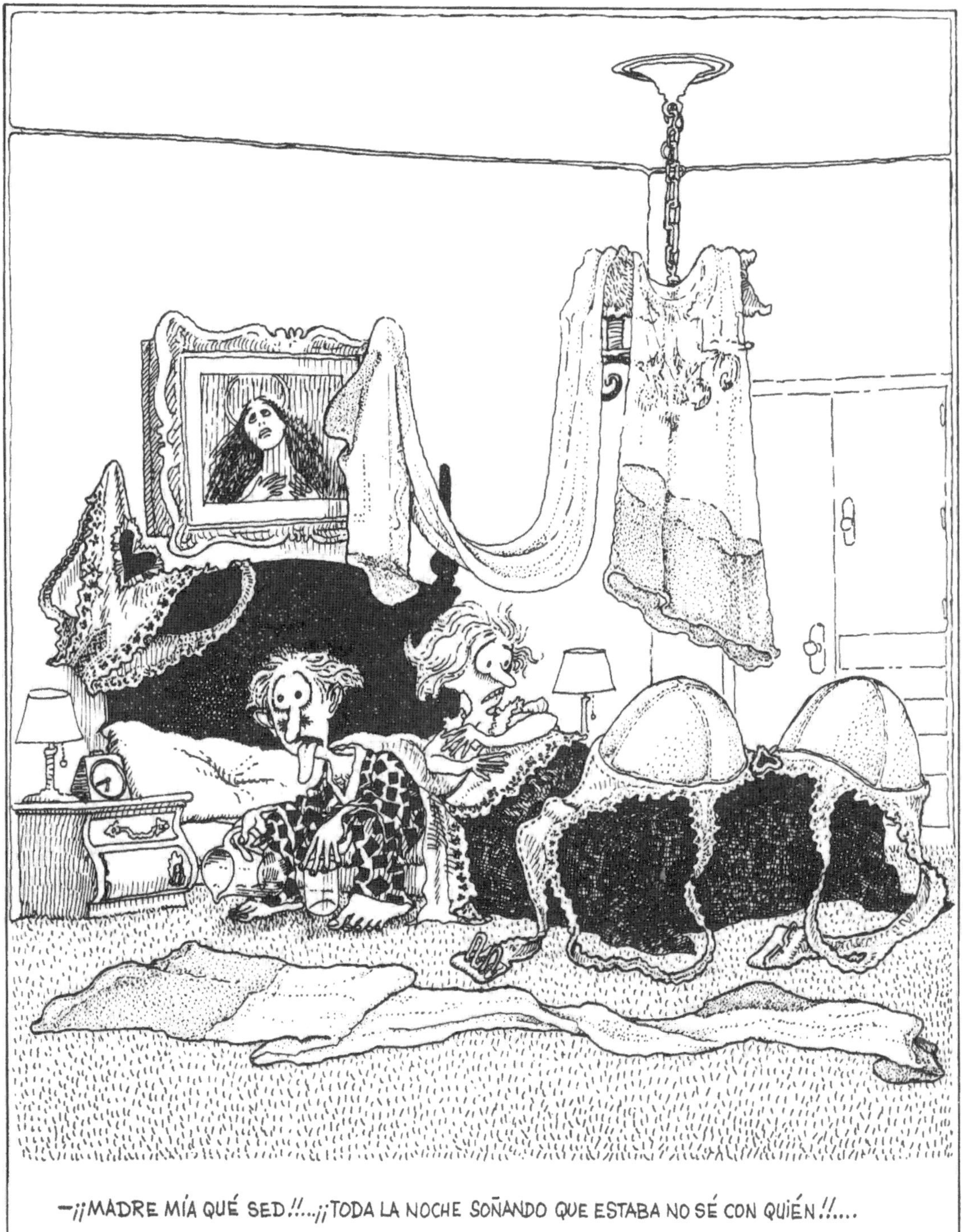

—¡¡MADRE MÍA QUÉ SED!!...¡¡TODA LA NOCHE SOÑANDO QUE ESTABA NO SÉ CON QUIÉN!!...

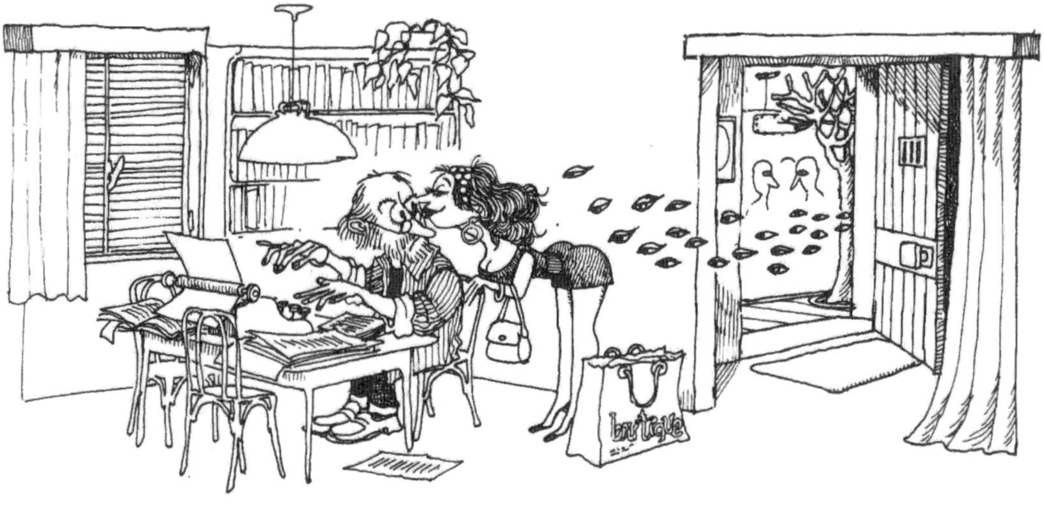
boutique

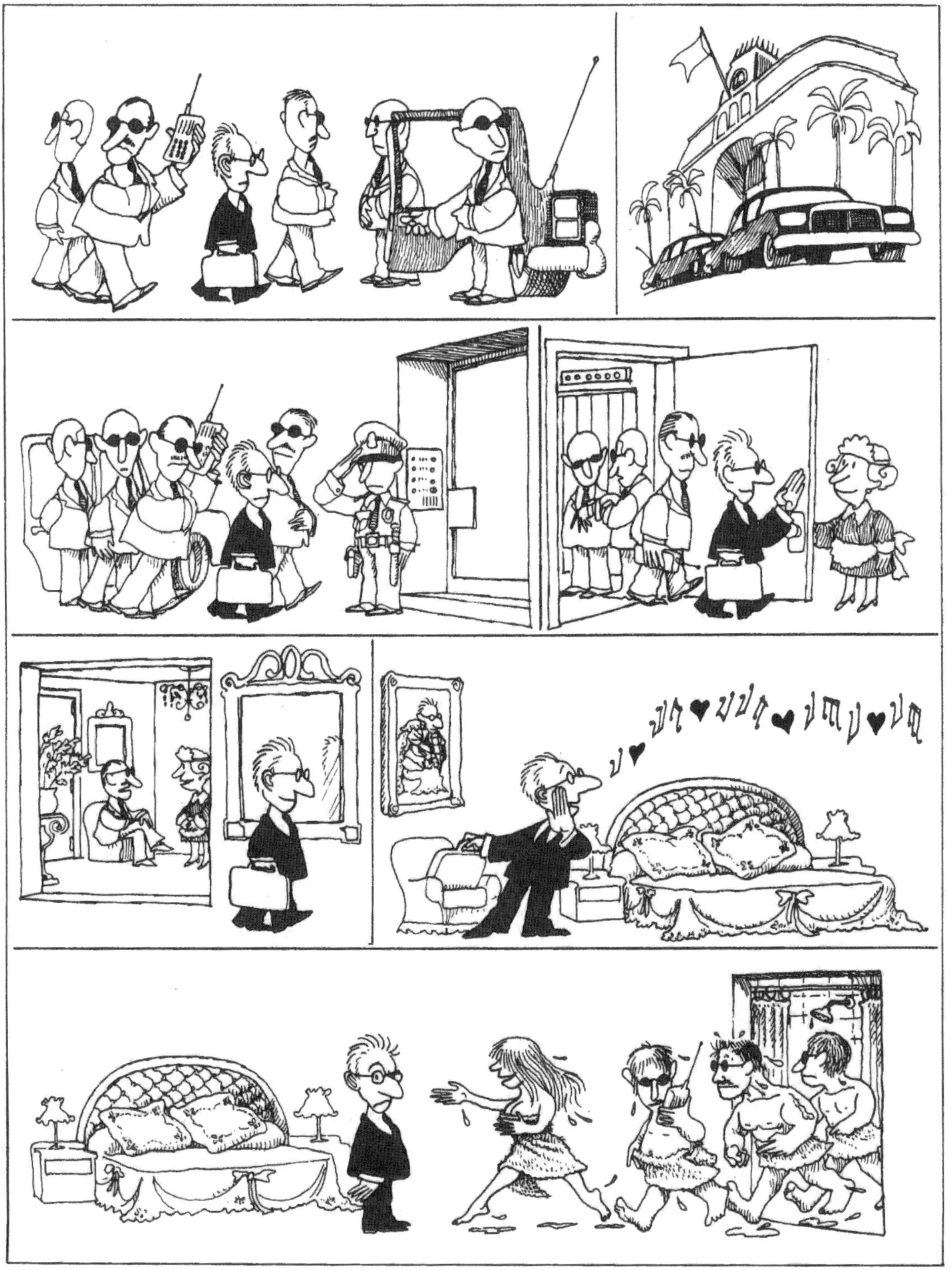

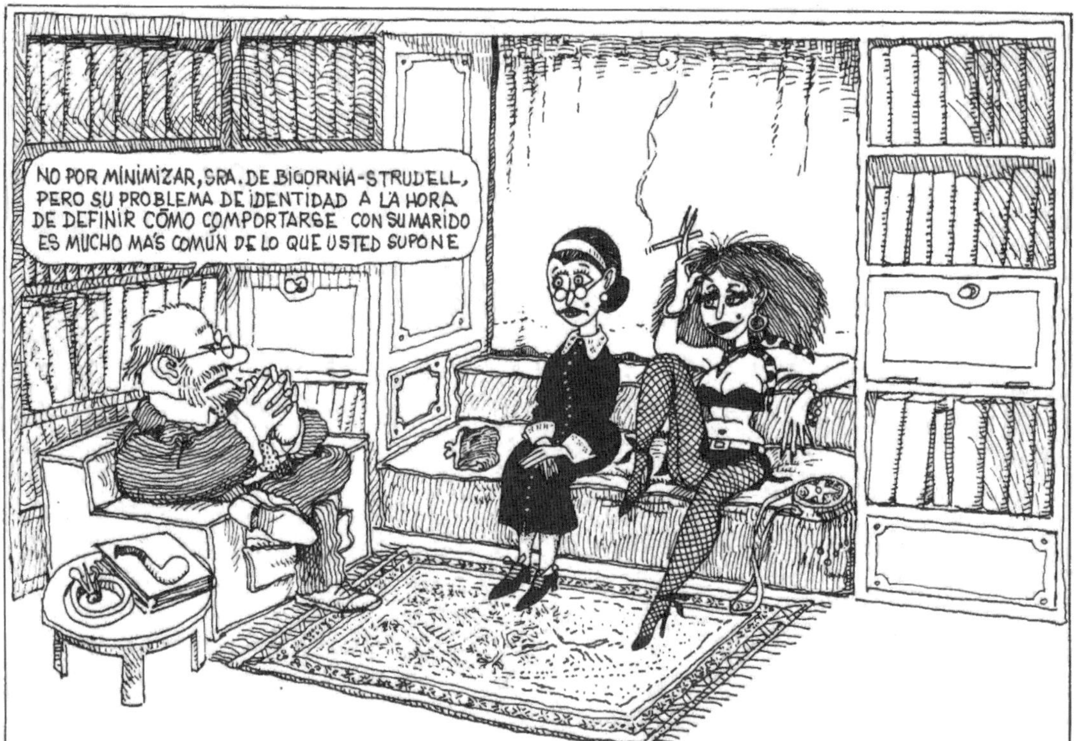
NO POR MINIMIZAR, SRA. DE BIGORNIA-STRUDELL, PERO SU PROBLEMA DE IDENTIDAD A LA HORA DE DEFINIR CÓMO COMPORTARSE CON SU MARIDO ES MUCHO MÁS COMÚN DE LO QUE USTED SUPONE

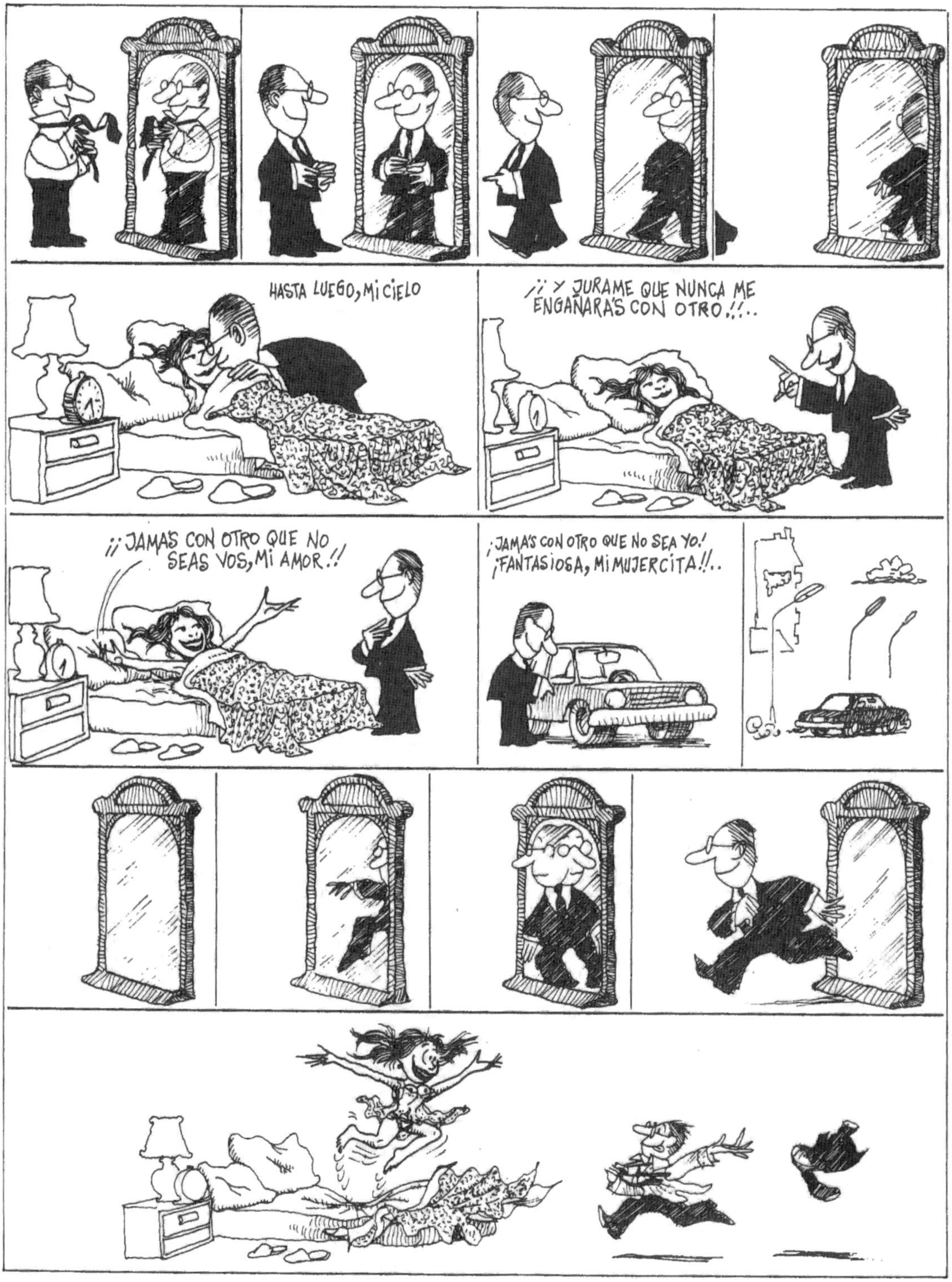
HASTA LUEGO, MI CIELO
¡¡ Y JURAME QUE NUNCA ME ENGAÑARÁS CON OTRO !!..
¡¡ JAMÁS CON OTRO QUE NO SEAS VOS, MI AMOR !!
¡JAMÁS CON OTRO QUE NO SEA YO! ¡FANTASIOSA, MI MUJERCITA!!..

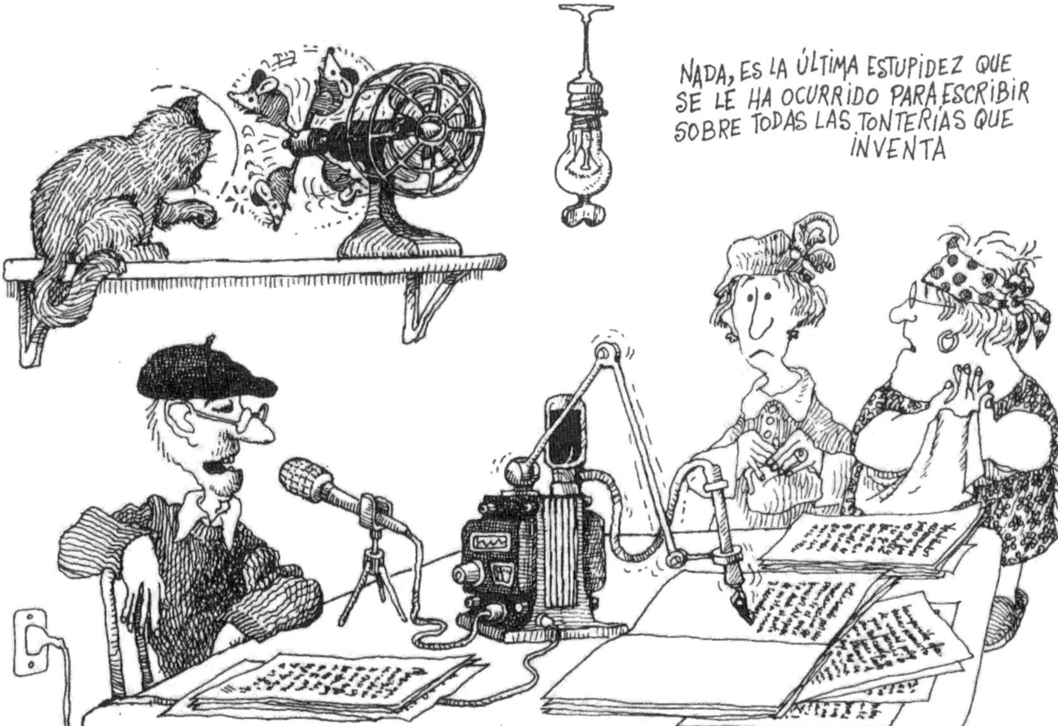
NADA, ES LA ÚLTIMA ESTUPIDEZ QUE SE LE HA OCURRIDO PARA ESCRIBIR SOBRE TODAS LAS TONTERÍAS QUE INVENTA

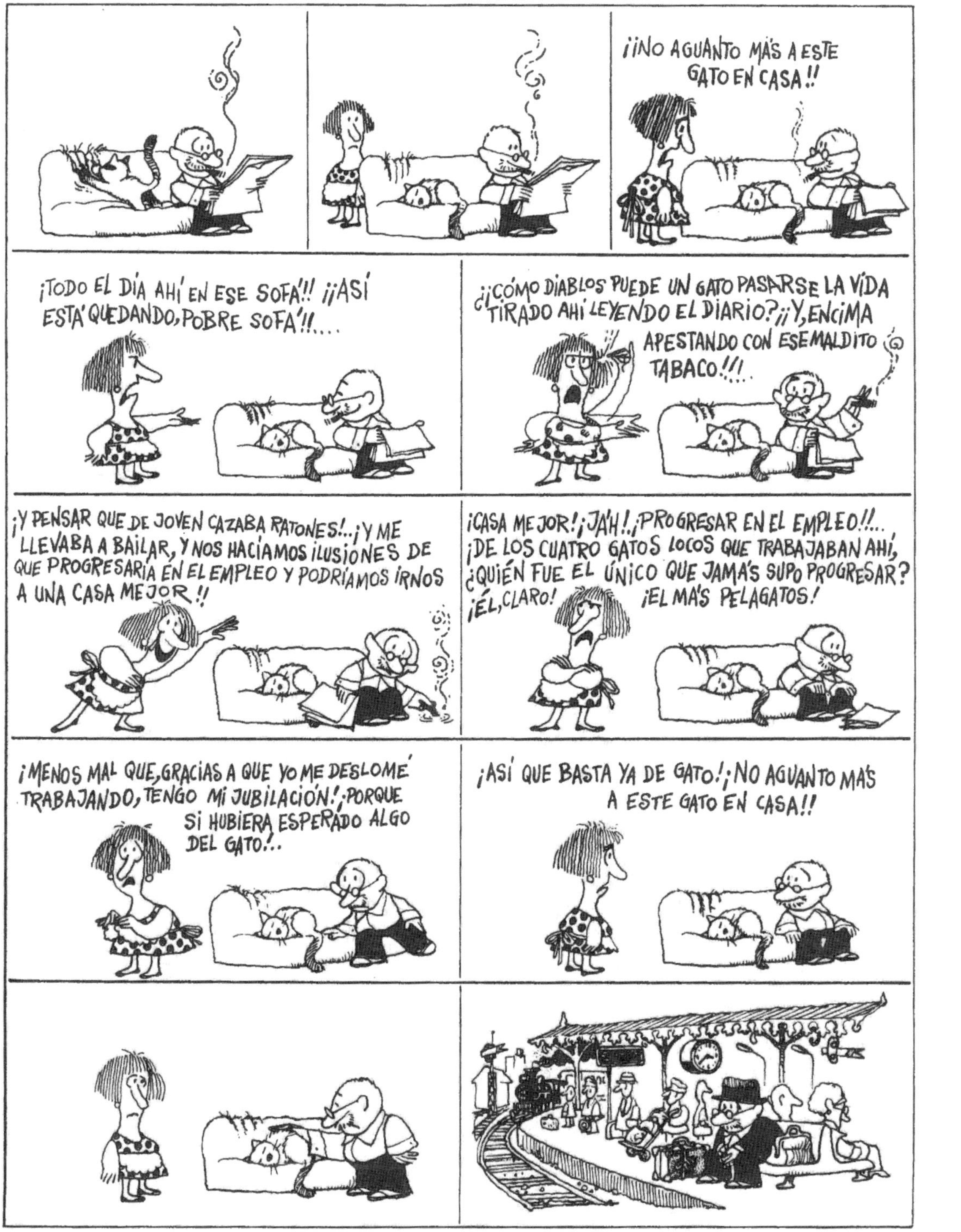
¡¡NO AGUANTO MÁS A ESTE GATO EN CASA!!
¡TODO EL DÍA AHÍ EN ESE SOFÁ!! ¡¡ASÍ ESTÁ QUEDANDO, POBRE SOFÁ!!...
¿¡CÓMO DIABLOS PUEDE UN GATO PASARSE LA VIDA TIRADO AHÍ LEYENDO EL DIARIO?¡¡ Y, ENCIMA APESTANDO CON ESE MALDITO TABACO!!!...
¡Y PENSAR QUE DE JOVEN CAZABA RATONES!..¡Y ME LLEVABA A BAILAR, Y NOS HACÍAMOS ILUSIONES DE QUE PROGRESARÍA EN EL EMPLEO Y PODRÍAMOS IRNOS A UNA CASA MEJOR!!
¡CASA MEJOR!¡JA'H!.¡PROGRESAR EN EL EMPLEO!!..
¡DE LOS CUATRO GATOS LOCOS QUE TRABAJABAN AHÍ, ¿QUIÉN FUE EL ÚNICO QUE JAMÁS SUPO PROGRESAR?
¡ÉL, CLARO!
¡EL MÁS PELAGATOS!
¡MENOS MAL QUE, GRACIAS A QUE YO ME DESLOMÉ TRABAJANDO, TENGO MI JUBILACIÓN!¡PORQUE SI HUBIERA ESPERADO ALGO DEL GATO!..
¡ASÍ QUE BASTA YA DE GATO!¡NO AGUANTO MÁS A ESTE GATO EN CASA!!

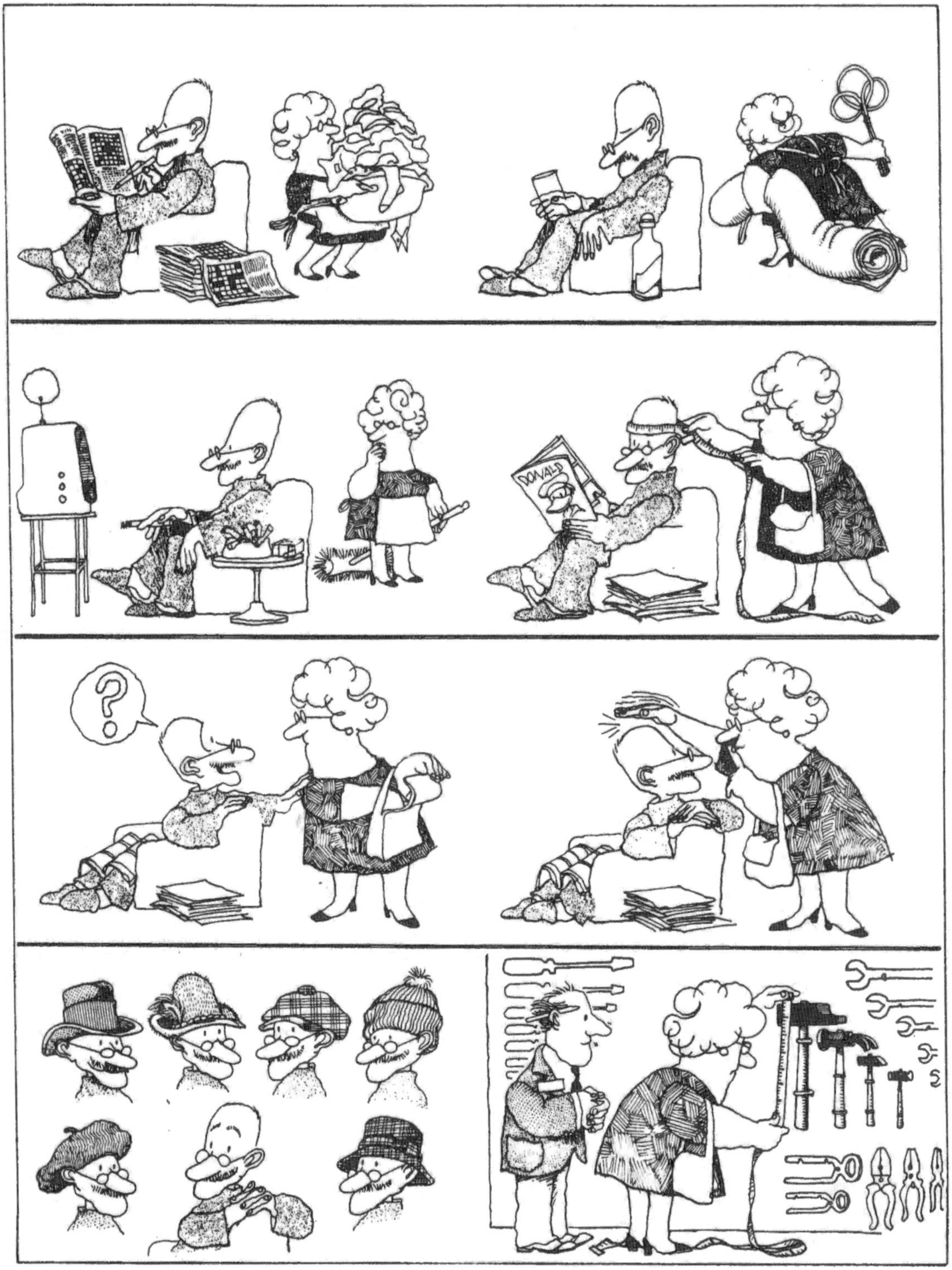
?
DONALD

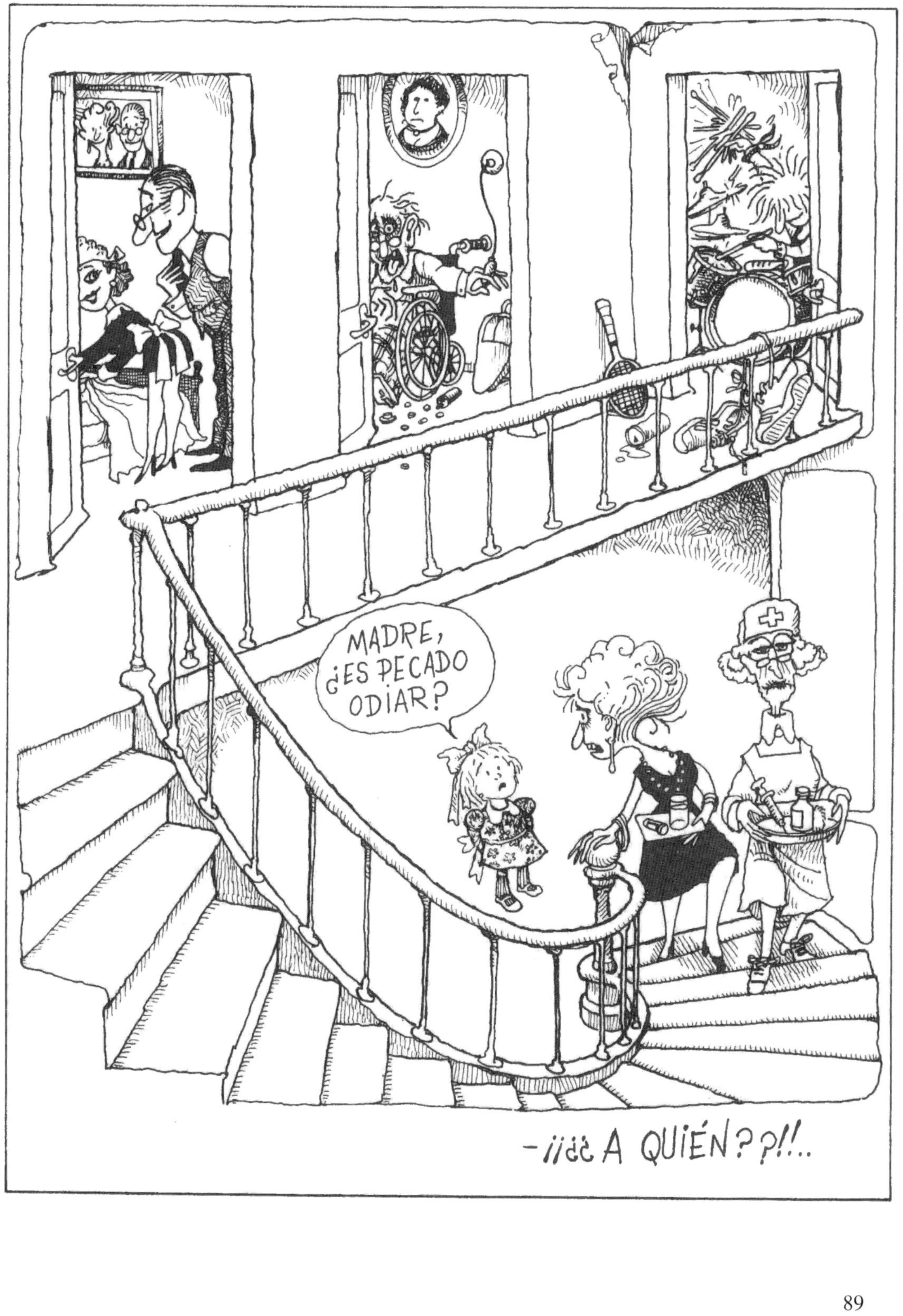
MADRE, ¿ES PECADO ODIAR?

–¡¡¿¿A QUIÉN??!!..

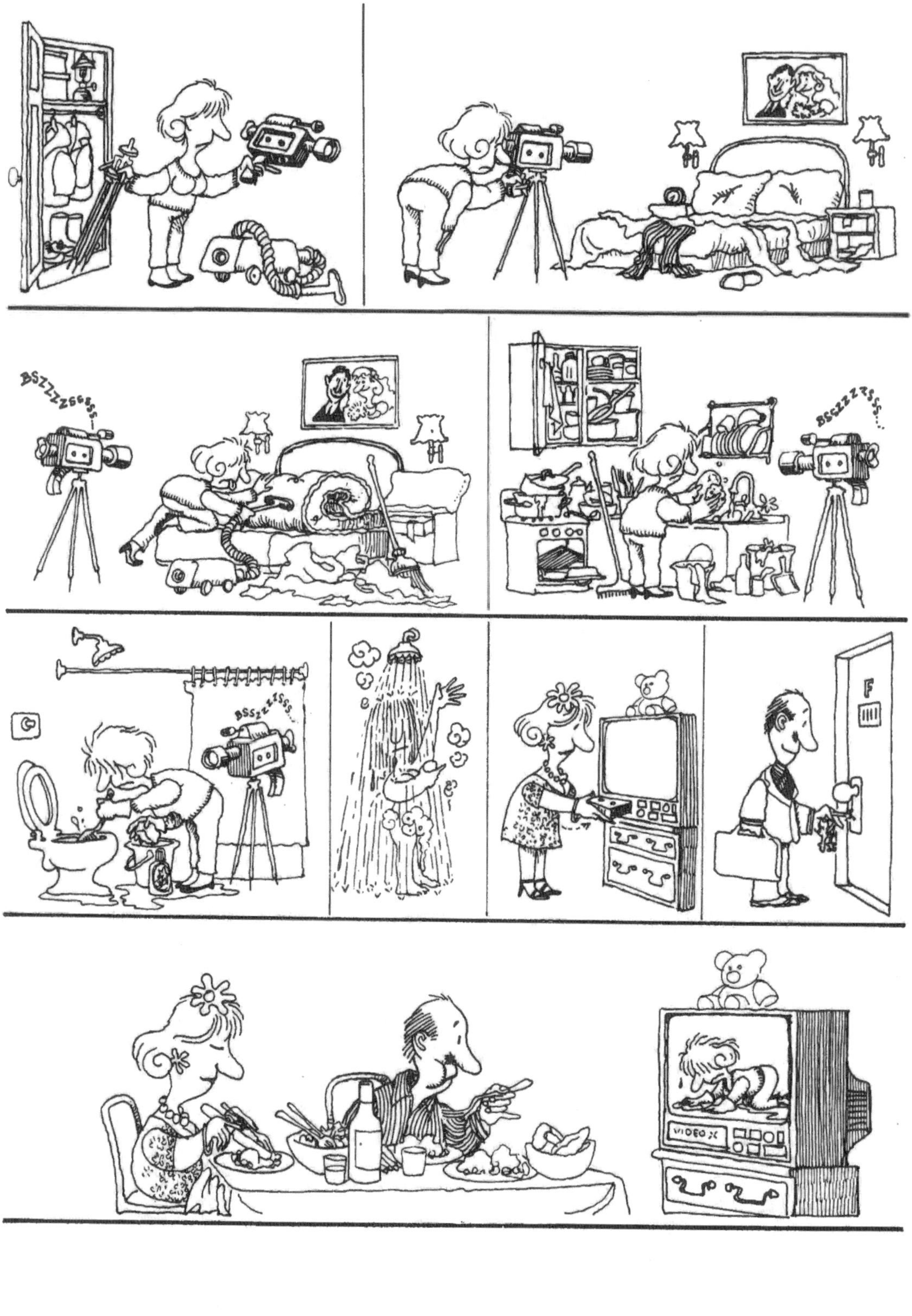
BSZZZZSSSSS...
BSSZZZZSSSS...
BSSZZZZSSS...
F
VIDEO X

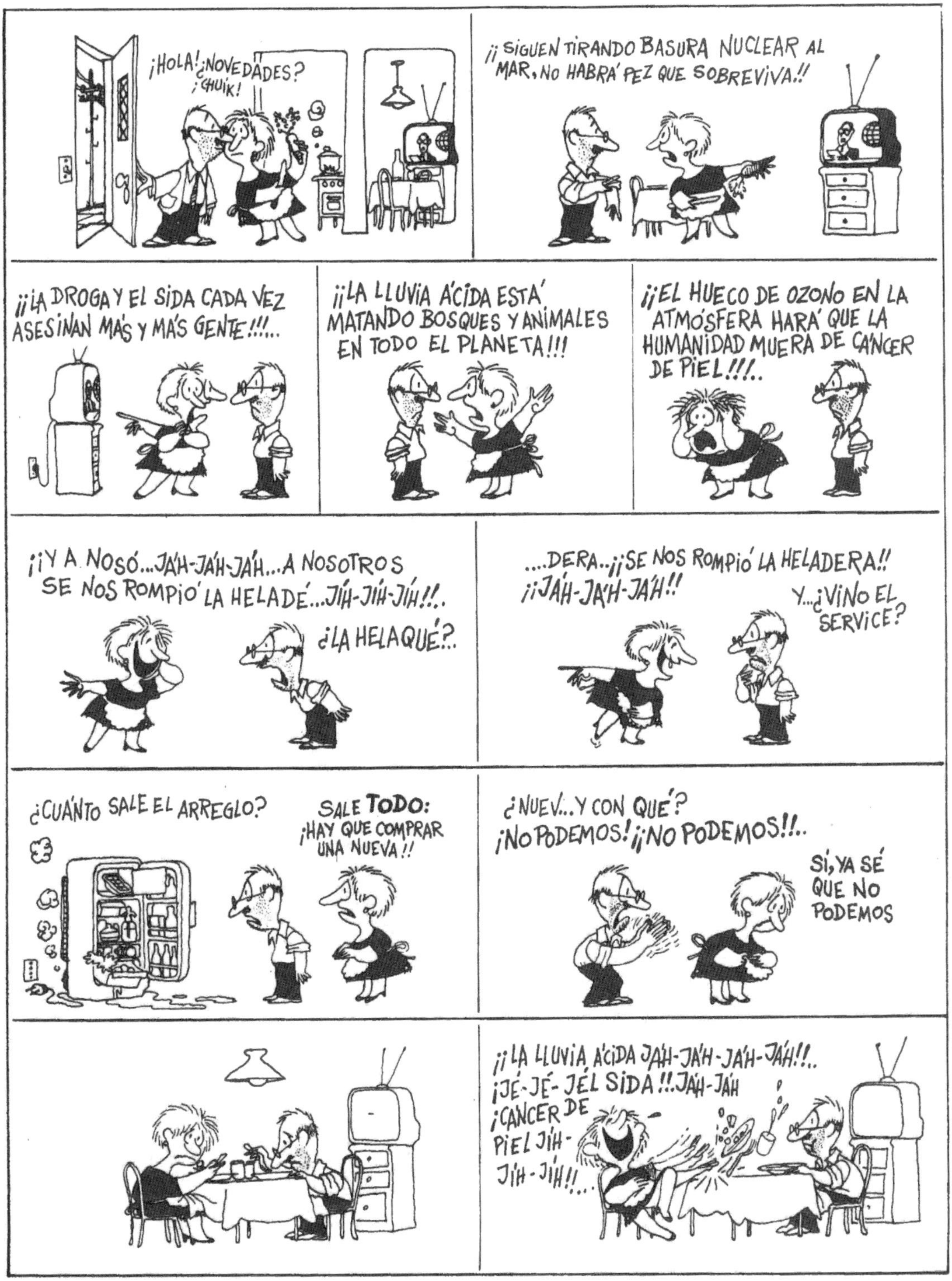
¡HOLA! ¿NOVEDADES?
¡CHUIK!
¡¡SIGUEN TIRANDO BASURA NUCLEAR AL MAR, NO HABRÁ PEZ QUE SOBREVIVA!!
¡¡LA DROGA Y EL SIDA CADA VEZ ASESINAN MÁS Y MÁS GENTE!!!...
¡¡LA LLUVIA ÁCIDA ESTÁ MATANDO BOSQUES Y ANIMALES EN TODO EL PLANETA!!!
¡¡EL HUECO DE OZONO EN LA ATMÓSFERA HARÁ QUE LA HUMANIDAD MUERA DE CÁNCER DE PIEL!!!..
¡¡Y A NOSÓ...JÁH-JÁH-JÁH...A NOSOTROS SE NOS ROMPIÓ LA HELADÉ...JÍH-JÍH-JÍH!!..
¿LA HELAQUÉ?..
....DERA..¡¡SE NOS ROMPIÓ LA HELADERA!!
¡¡JÁH-JÁH-JÁH!!
Y...¿VINO EL SERVICE?
¿CUÁNTO SALE EL ARREGLO?
SALE **TODO**: ¡HAY QUE COMPRAR UNA NUEVA!!
¿NUEV...Y CON QUÉ?
¡NO PODEMOS! ¡¡NO PODEMOS!!..
SI, YA SÉ QUE NO PODEMOS
¡¡LA LLUVIA ÁCIDA JÁH-JÁH-JÁH-JÁH!!..
¡JÉ-JÉ-JÉL SIDA!!..JÁH-JÁH
¡CANCER DE PIEL JÍH-JÍH-JÍH!!...

"NO CONTENIENDO NI
ADITIVOS QUÍMICOS
NI CONSERVANTES
ARTIFICIALES, SE
GARANTIZA QUE
ESTE PRODUCTO HA
SIDO CONFECCIONADO
CON GENUINAS
PORQUERÍAS
NATURALES"

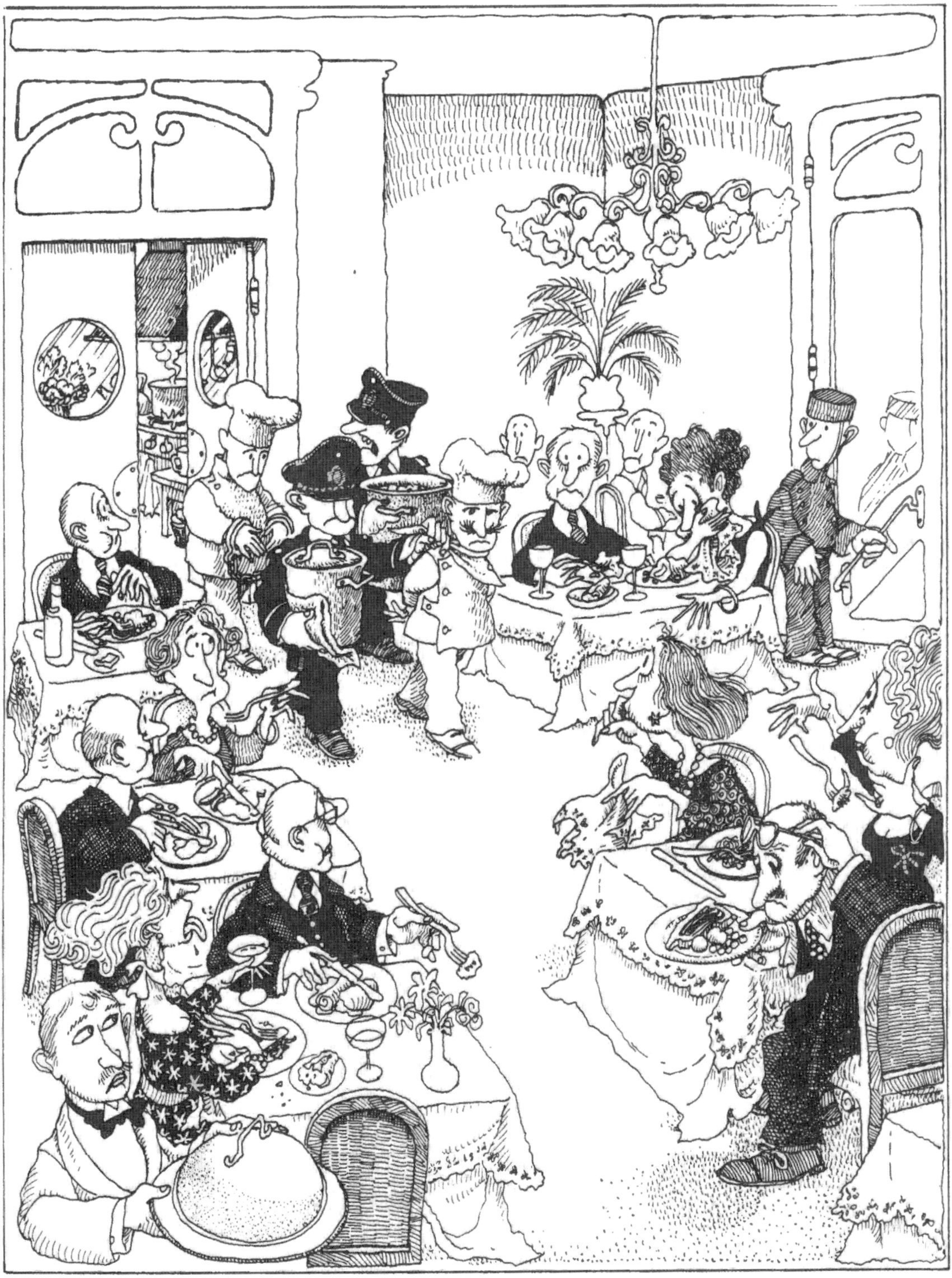

MODERNO TESTAMENTO
GÉNESIS DEL FIN

Daimler 1886

1.1. Al principio del fin creó el Hombre ma-quinarias e industrias. Y el planeta era limpio y fértil. Pero la Ambición Humana se cernía sobre la faz de la tierra.

2. Dijo el Hombre: Haya revolución in-dustrial, y multiplíquense las fábricas, y elévese el humo de sus chimeneas hasta ennegrecer los cielos de ceni-zas de carbón y gases de petróleo.

3. Y los cielos ennegrecieron. Y el Hombre llamó Progreso a los cielos ennegrecidos. Y vio el Hombre que el Progreso era bueno. Y hubo luz y hubo tinieblas. Día primero.

The Chaco Forestal Co. of Argentina

4. Y dijo el Hombre: Puesto que el Progreso es bueno, enseñoreémonos de todo cuanto nos ha sido dado; de todos los animales de la tierra, y todas las aves del cielo, y todos los peces del mar, y de todas las aguas.

5. Y también de toda hierba y todos los árboles que produzcan simiente sobre la faz de la tierra. Y regodeóse el Hombre con su obra, pues nadie había que fuese más inteligente que él.

6. Pensó entonces el Hombre: No es bueno que el petróleo esté solo; hágase la ener-gía nuclear. Y la energía nuclear se hizo. Y sus escorias, y las del petróleo, es parcié-ronse por todas las aguas y cielos de la tierra.

¿Oso Panda? ¡Kaputt! ¿Orca? ¡Kaputt! ¿Vicuña? ¿Kaputt! ¿Bisonte? ¡Kaputt! ¿Orangután? ¡Kaputt! ¿Durazno japonés?

7. Y he aquí que comenzó a extinguirse todo lo que al Hombre le fue dado; los animales de la tierra, las aves del cielo, los peces del mar, y toda hierba y todo árbol que producían simiente sobre la faz de la tierra.

8. Y vio el Hombre todas las cosas que ha-bía hecho, y eran en gran manera irrepa-rables. Día segundo.
9. Quedaron, pues, acabados los cielos y la tierra, y todo lo que sobre ella vivió.

10. Y completó el Hombre al tercer día su obra. Y, orgulloso de ella, el día tercero reposó, feliz, bajo la tierra.

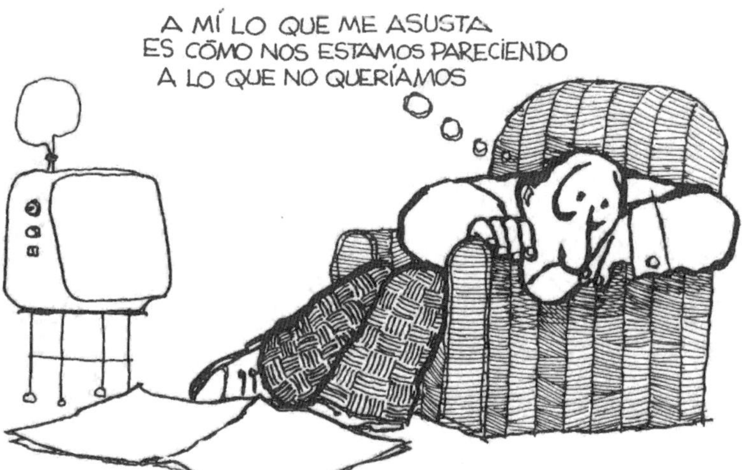
A MÍ LO QUE ME ASUSTA
ES CÓMO NOS ESTAMOS PARECIENDO
A LO QUE NO QUERÍAMOS

ESTABA YO TRANQUILO PENSANDO... CUANDO DE PRONTO... ¡ZÁS, ME VINO UNA IDEA!!......

...Y COMO DESDE CHICO ME INCULCARON QUE UNO DEBE LUCHAR POR SUS IDEAS....

...SALÍ A LA CALLE DISPUESTO A DEFENDERLA COMO FUESE.

¡¡LA VIDA DEBIERA SER MÁS LARGA!!

¡EXCELENTE IDEA, ASÍ UNO PODRÍA SEGUIR CAMBIANDO SU AUTO POR UNOS AÑOS MÁS!!

¡MÁS LARGA, SÍ; Y MÁS ANCHA!; ¡YO QUIERO UNA VIDA LARGA Y ANCHA!!

¡ESO! Y ASÍ SE ACABA AQUELLO DE QUE CUANDO UNO TIENE LA EXPERIENCIA JUSTA PARA DISFRUTAR LA VIDA...¡ÑÁCATE!!

¡¡SERÍA MARAVILLOSO!!

¡¡LOS HUEVOS FRITOS SON UN INVENTO SENSACIONAL!!

¡¡AFIRMATIVO, AFIRMATIVO!!

¡¡HMMMMM... CON PAPITAS!!

¡MAESTRO!.

¡¡EL MUNDO SIN HUEVOS FRITOS SERÍA ALGO ESPANTOSO!!

¡SÍ SEÑOR!; ¡Y QUE EL JODIDO COLESTEROL VAYA A ASUSTAR A SU ABUELA!!

¡BRAVO! ¡BRAVISSIMO!!

¡¡HASTA QUE NO ASUMAMOS QUE NOSOTROS SOMOS NOSOTROS, NO SEREMOS NADIE!!

¡ADMIRABLE REFLEXIÓN!!

¡QUÉ LUCIDEZ! ME LO HA SACADO DE LA PUNTA DEL CEREBRO

COMPARTO PLENAMENTE

¡POR FIN ALGUIEN QUE DICE LO QUE SE DEBE DECIR!

¡¡CUÁNTA VERDAD!!

¡QUÉ POCO MARGEN PARA EL HEROÍSMO NOS DEJA HOY LA SOCIEDAD A QUIENES QUEREMOS LUCHAR POR NUESTRAS IDEAS!

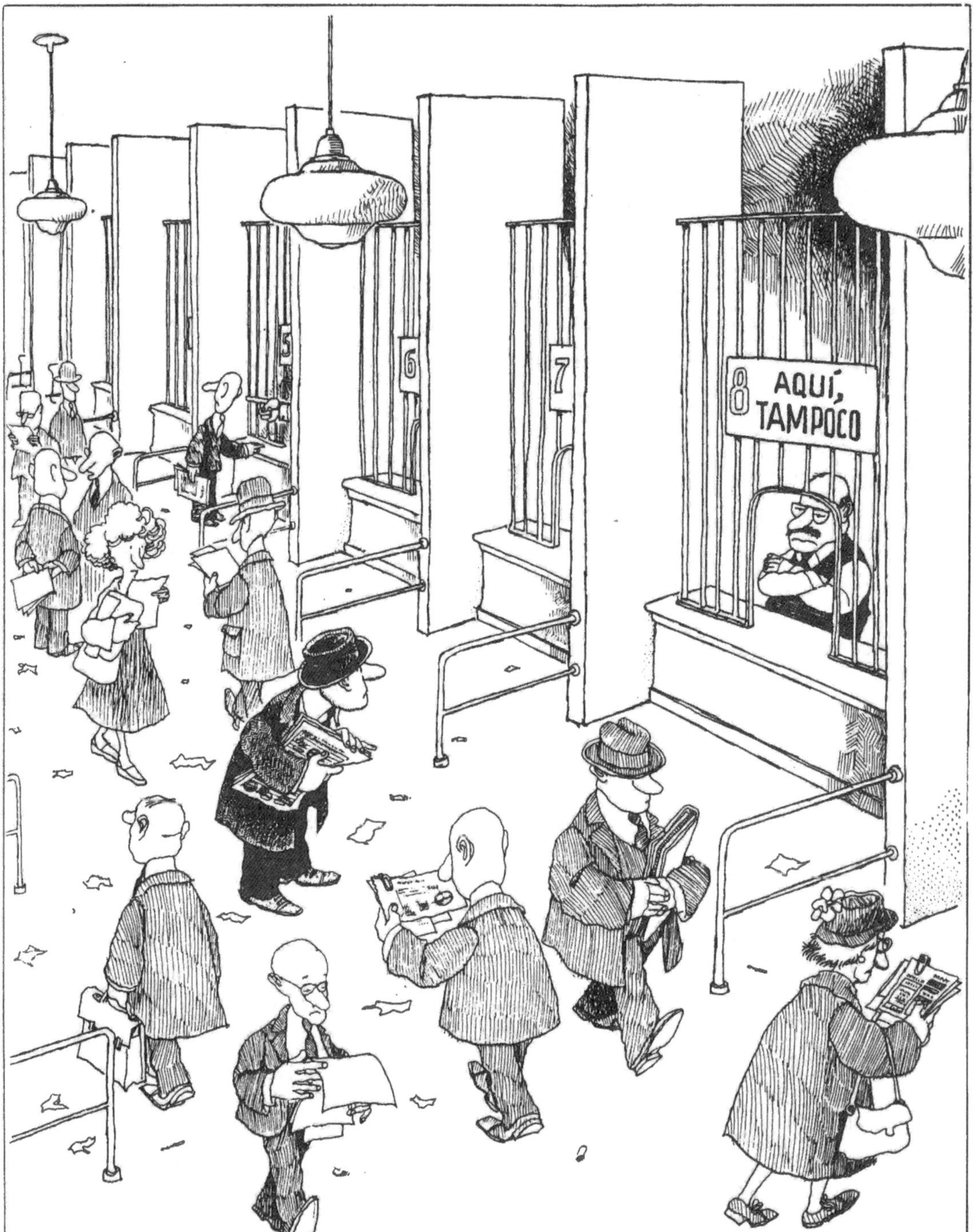
5
6
7
8 AQUÍ, TAMPOCO

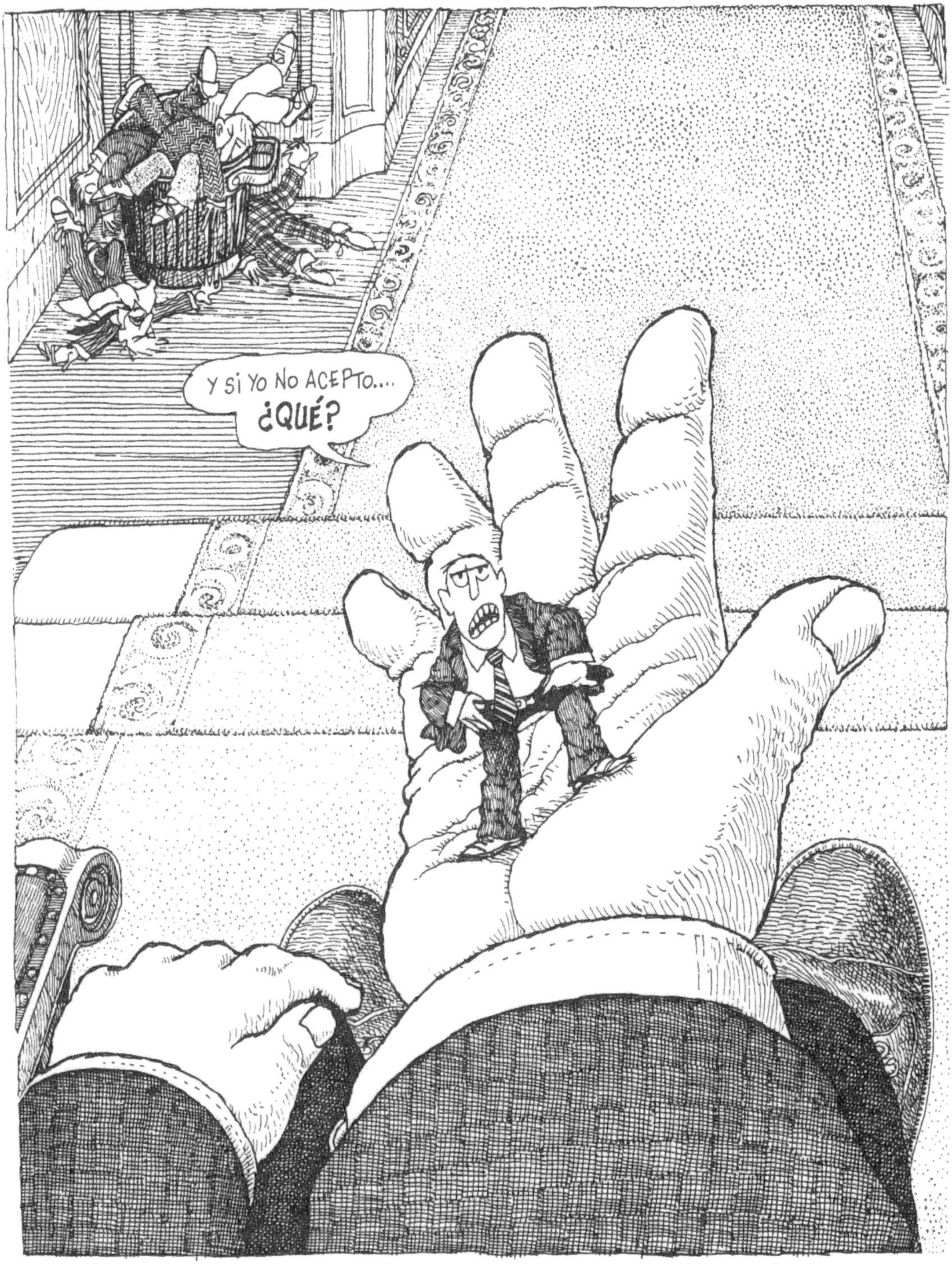
Y SI YO NO ACEPTO... ¿QUÉ?

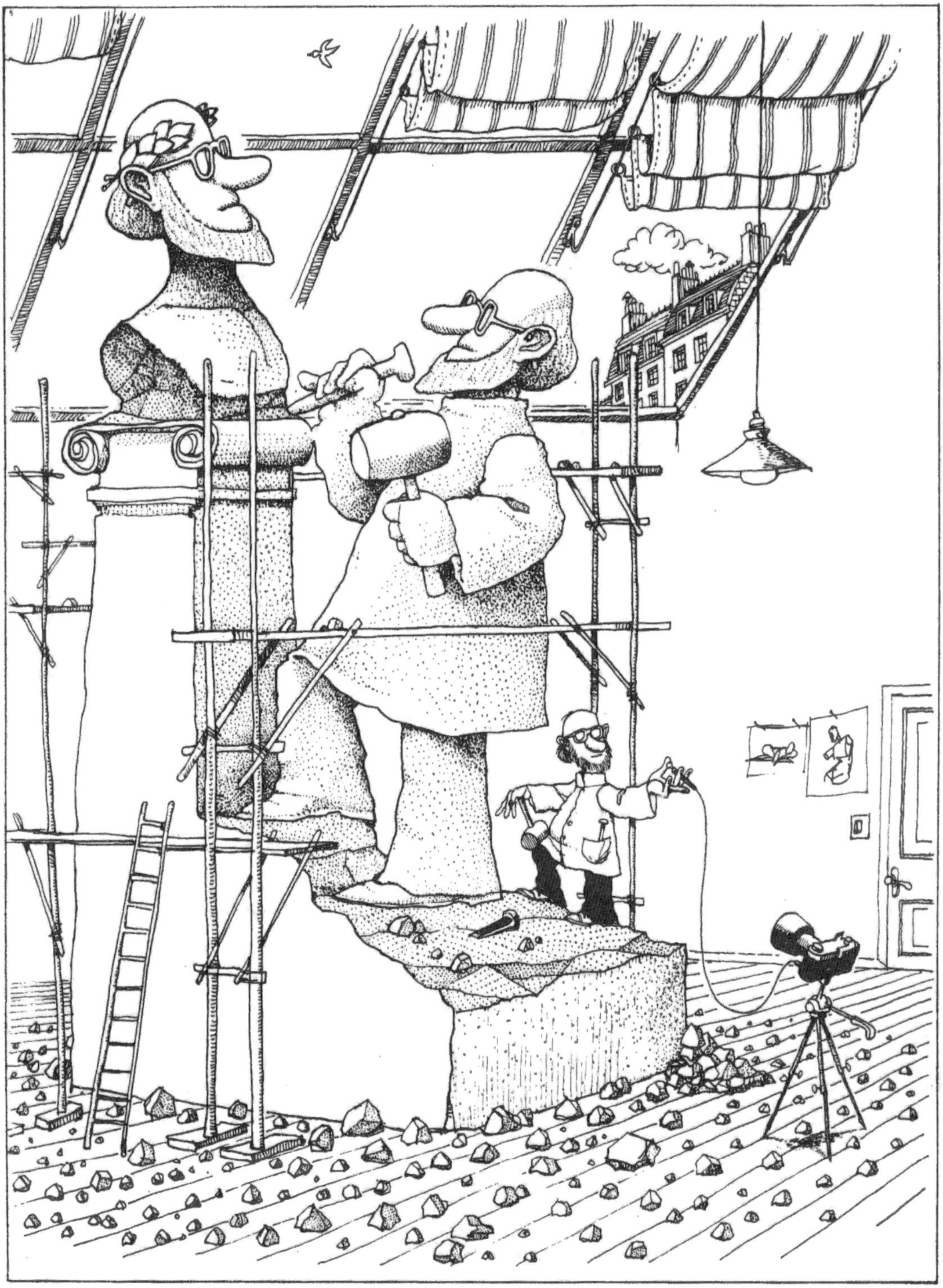

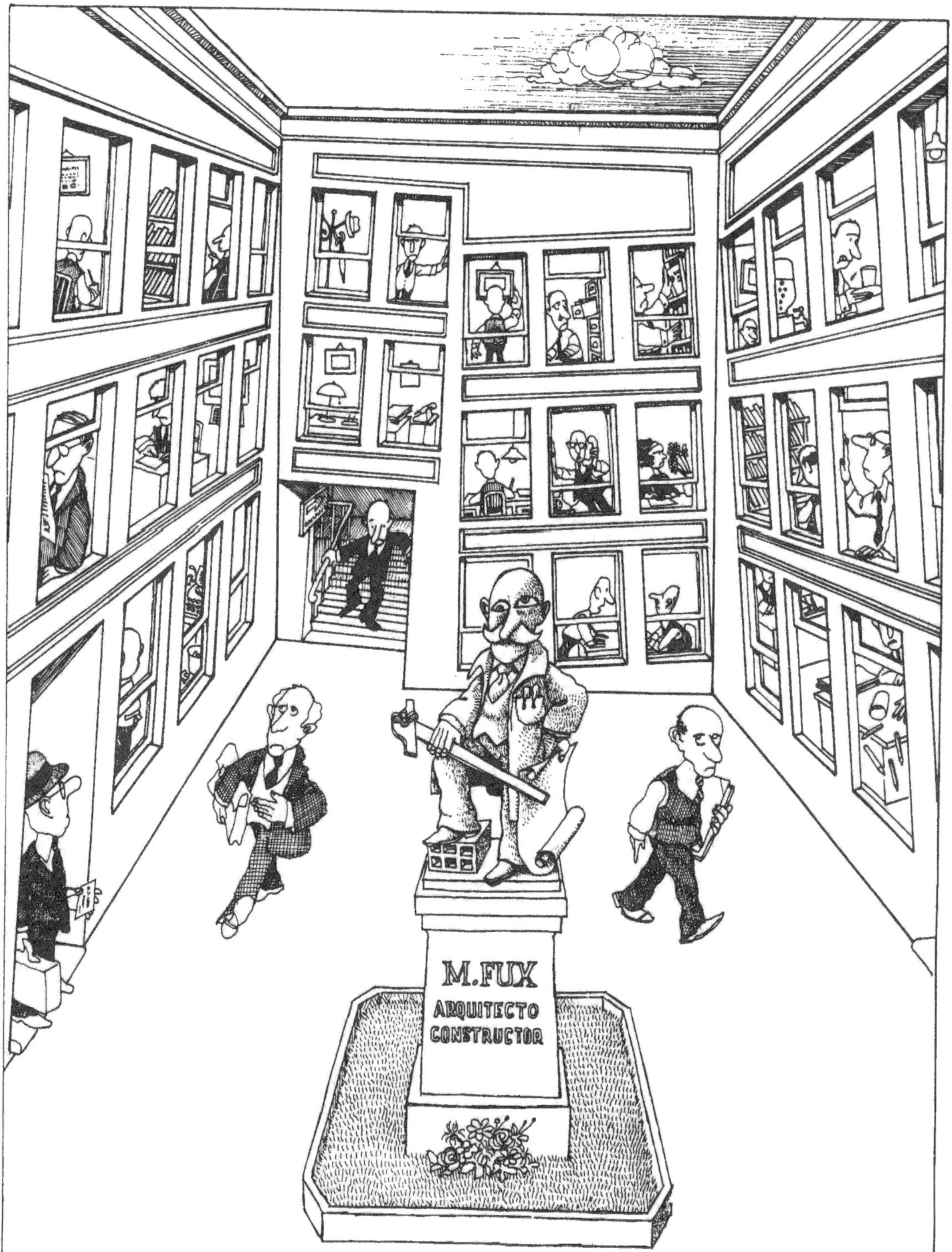
M. FUX
ARQUITECTO
CONSTRUCTOR

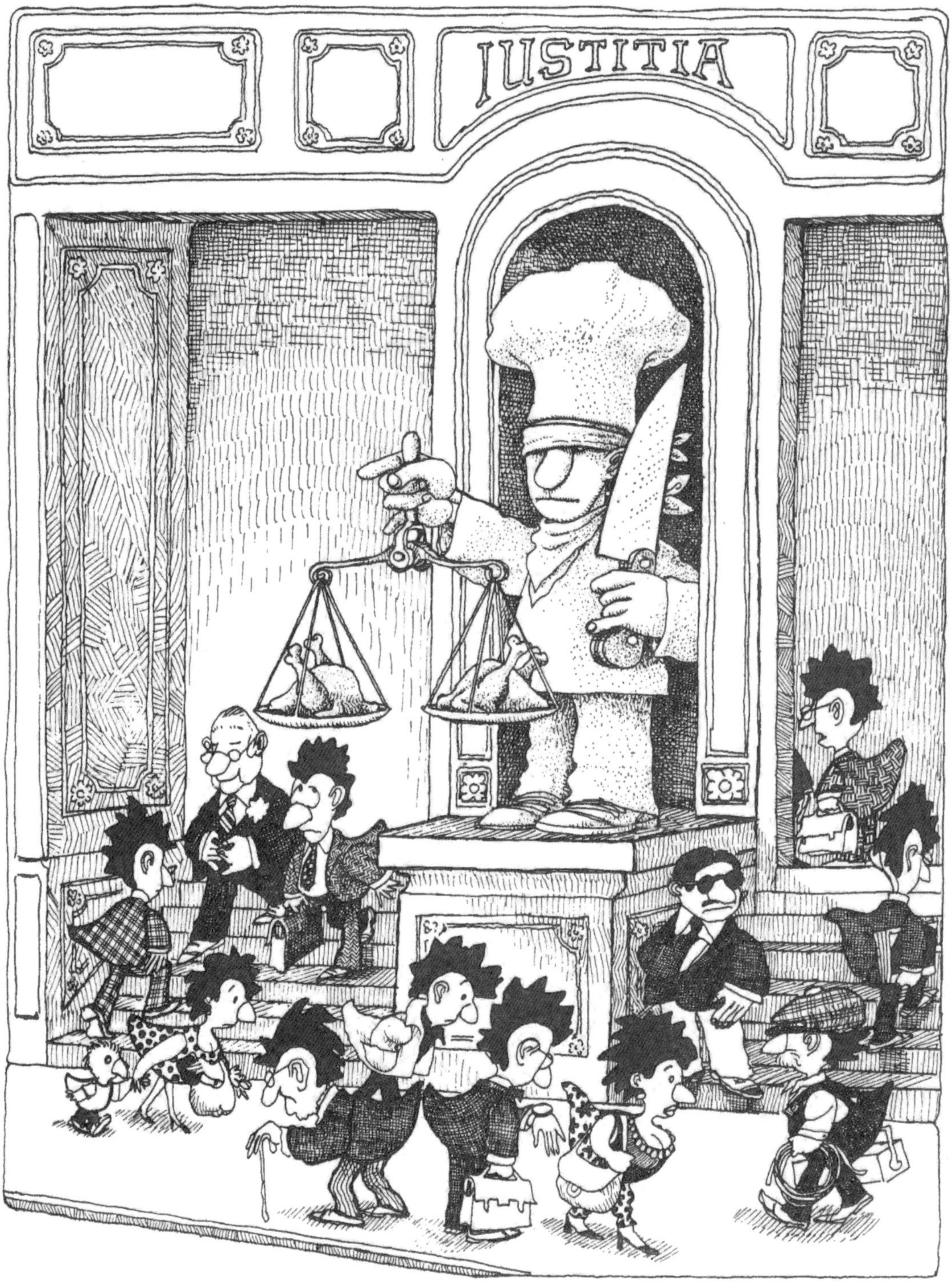
IUSTITIA

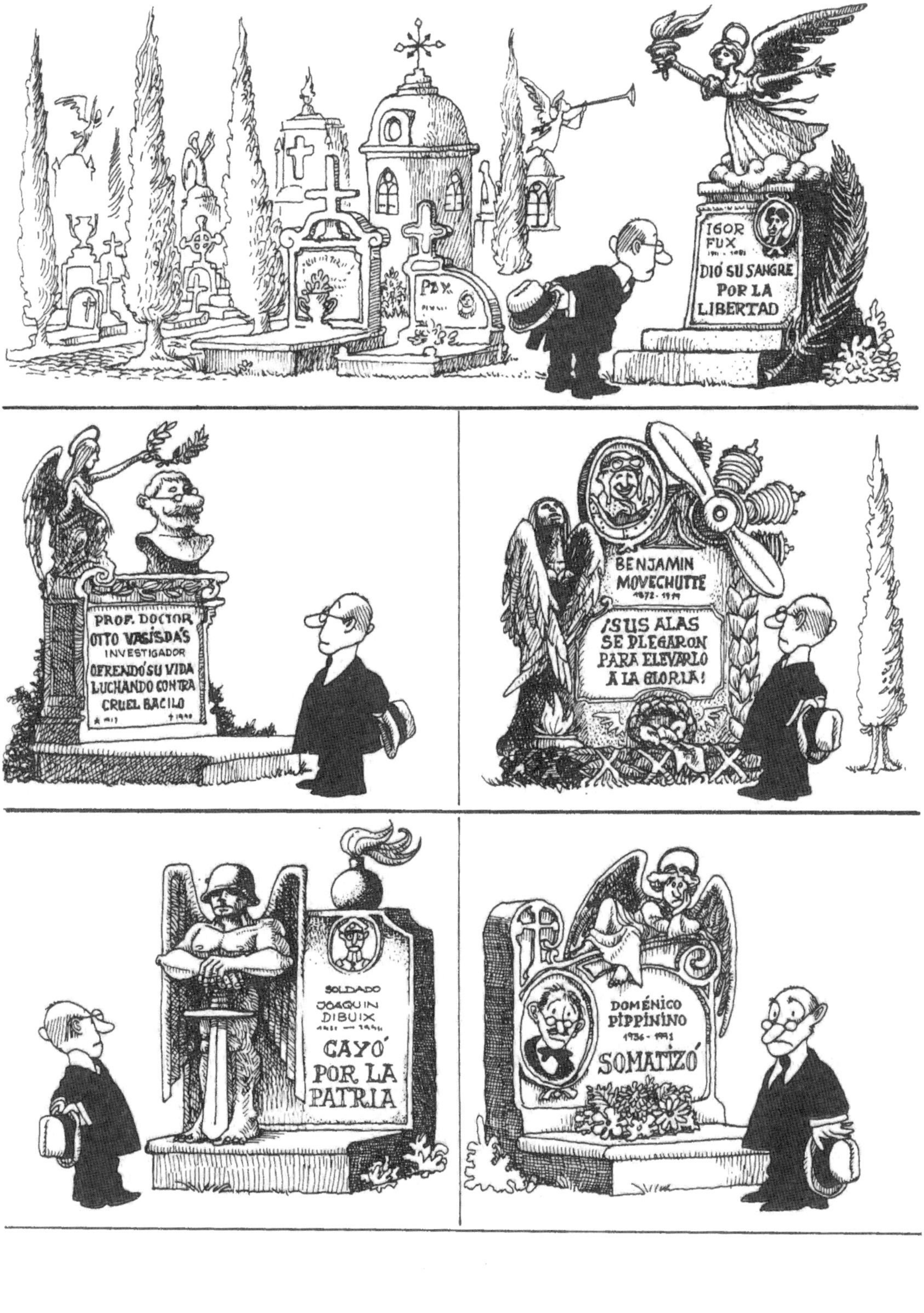

IGOR
FUX
DIÓ SU SANGRE
POR LA
LIBERTAD
PROF. DOCTOR
OTTO VASISDÁS
INVESTIGADOR
OFRENDÓ SU VIDA
LUCHANDO CONTRA
CRUEL BACILO
BENJAMIN
MOVECHUTTE
¡SUS ALAS
SE PLEGARON
PARA ELEVARLO
A LA GLORIA!
SOLDADO
JOAQUIN
DIBUIX
CAYÓ
POR LA
PATRIA
DOMÉNICO
PIPPININO
SOMATIZÓ

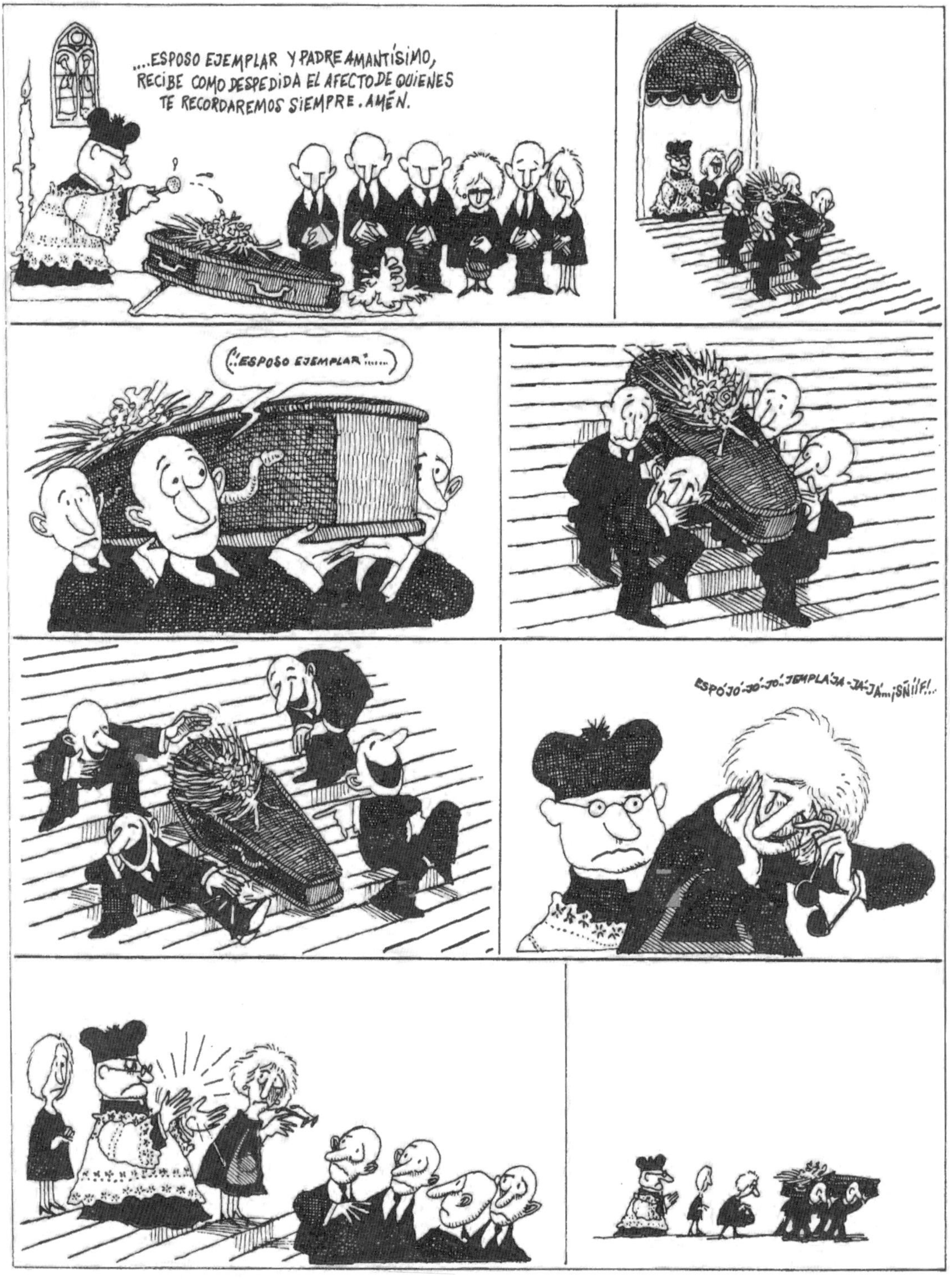
....ESPOSO EJEMPLAR Y PADRE AMANTÍSIMO, RECIBE COMO DESPEDIDA EL AFECTO DE QUIENES TE RECORDAREMOS SIEMPRE. AMÉN.
(¡"ESPOSO EJEMPLAR"!.....)
ESPÓJO-JO-JO..JEMPLÁJA-JA-JÁ...¡SÑIIF!..

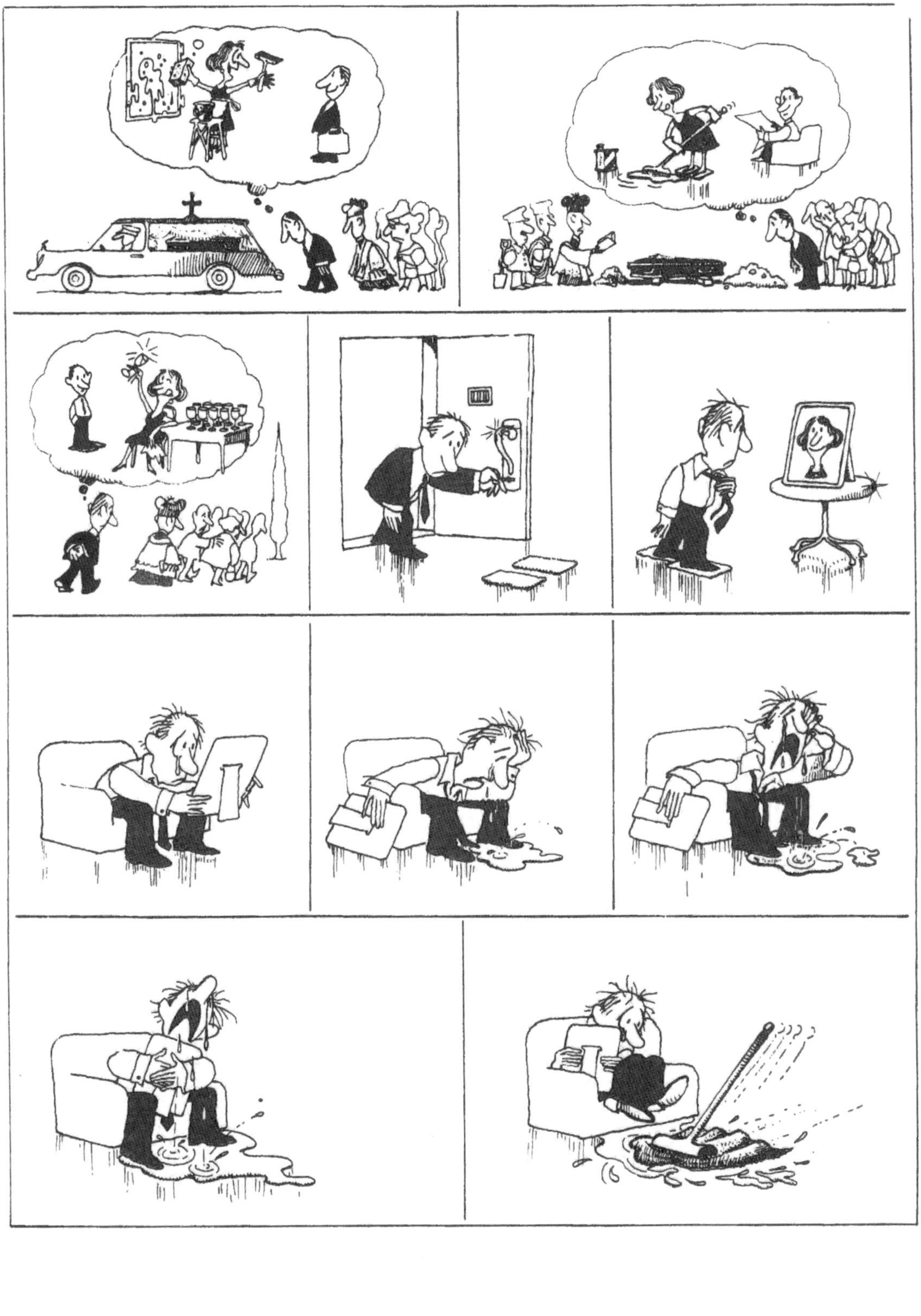

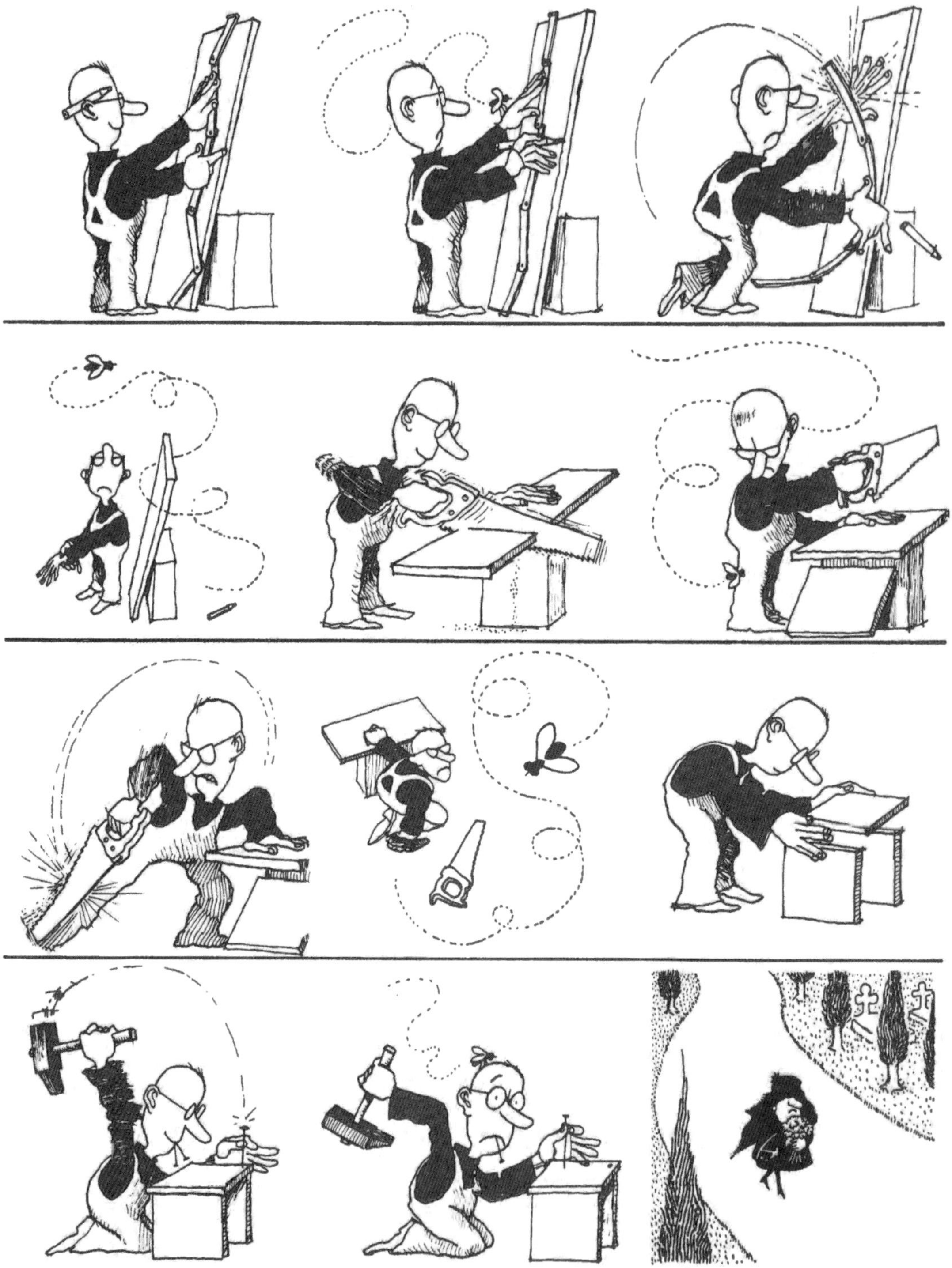

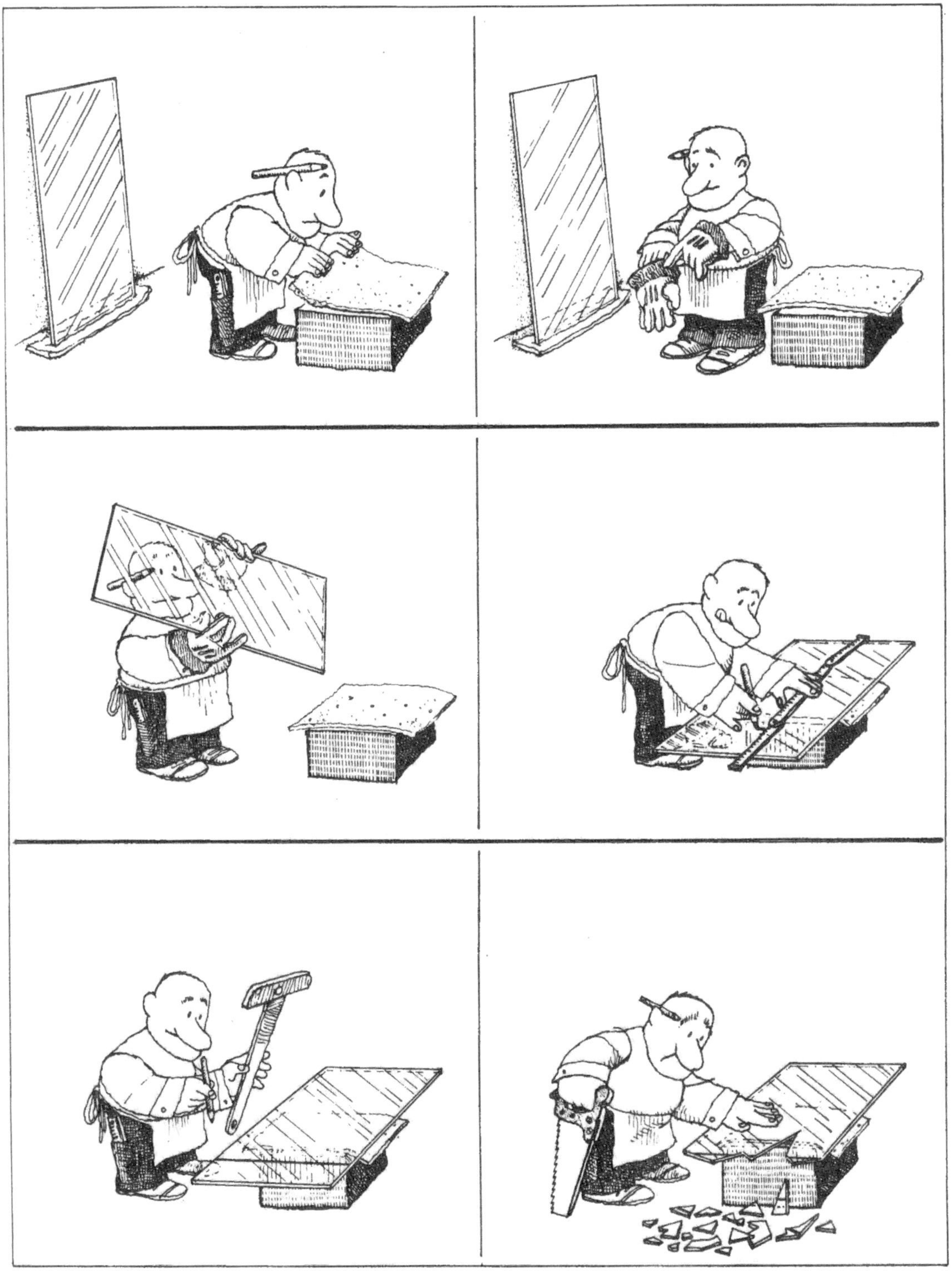

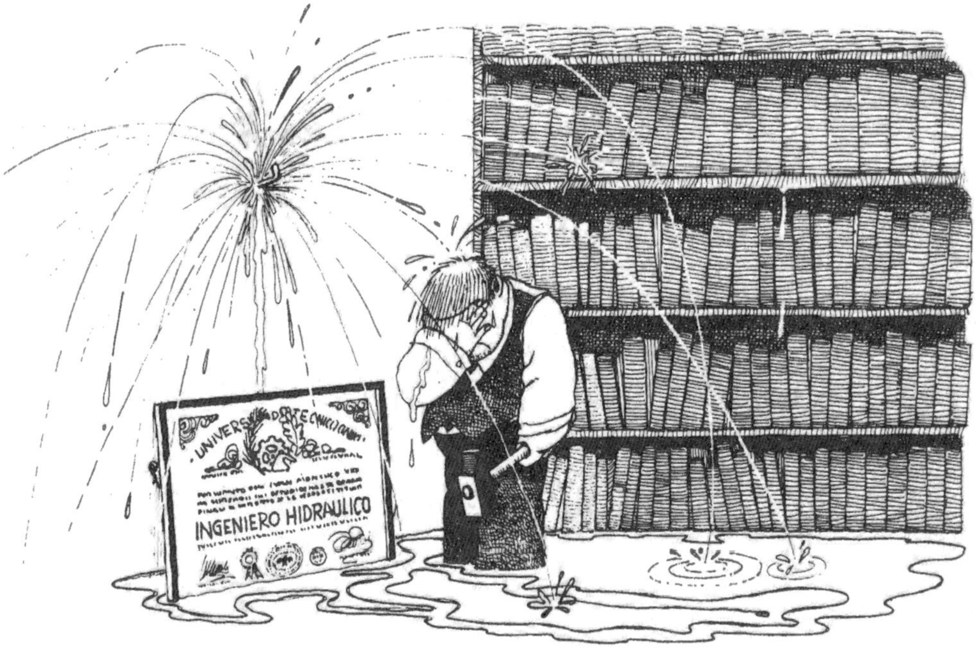
INGENIERO HIDRAULICO

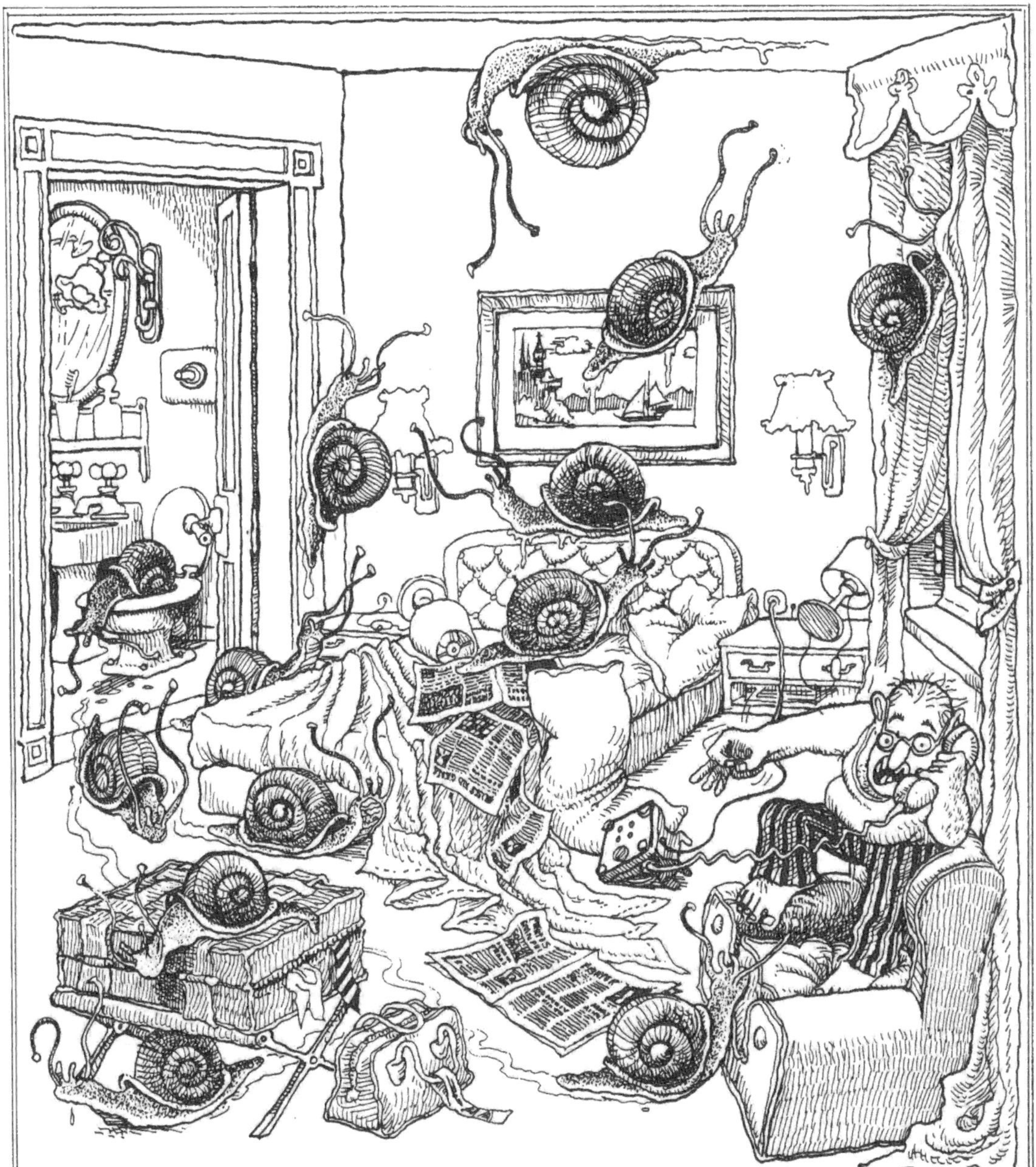

–....¡PERO SI YO LO DE LA HUMEDAD LO ENTIENDO, EN MUCHOS HOTELES HAY HUMEDAD, LO QUE NO ENTIEN....¡BUENO, SÍ, SERÁ LA CIUDAD LA QUE ES HÚMEDA!..Y ESO DE LA HUMEDAD LO COMPRENDO, LO QUE NO PUEDO ADMIT... ¡¡NO, PERO PERMÍTAME, YA SÉ QUE HA LLOVIDO MUCHO!!..Y LE REPITO QUE LO DE LA HUMEDAD ESTÁ CLARO. LO QUE NO ME CABE EN LA CABEZA ES CÓMO UN HOTEL DE ESTA CATEG...¡NO, NO, USTED SE EQUIVOC...SÍ QUE SE EQUIVOCA, SEÑOR!!.. ¡¡CONOZCO HOTELES, YO!!¡¡AH!!¿NO CONOZCO HOTELES, YO??¡¡POR FAV!!...

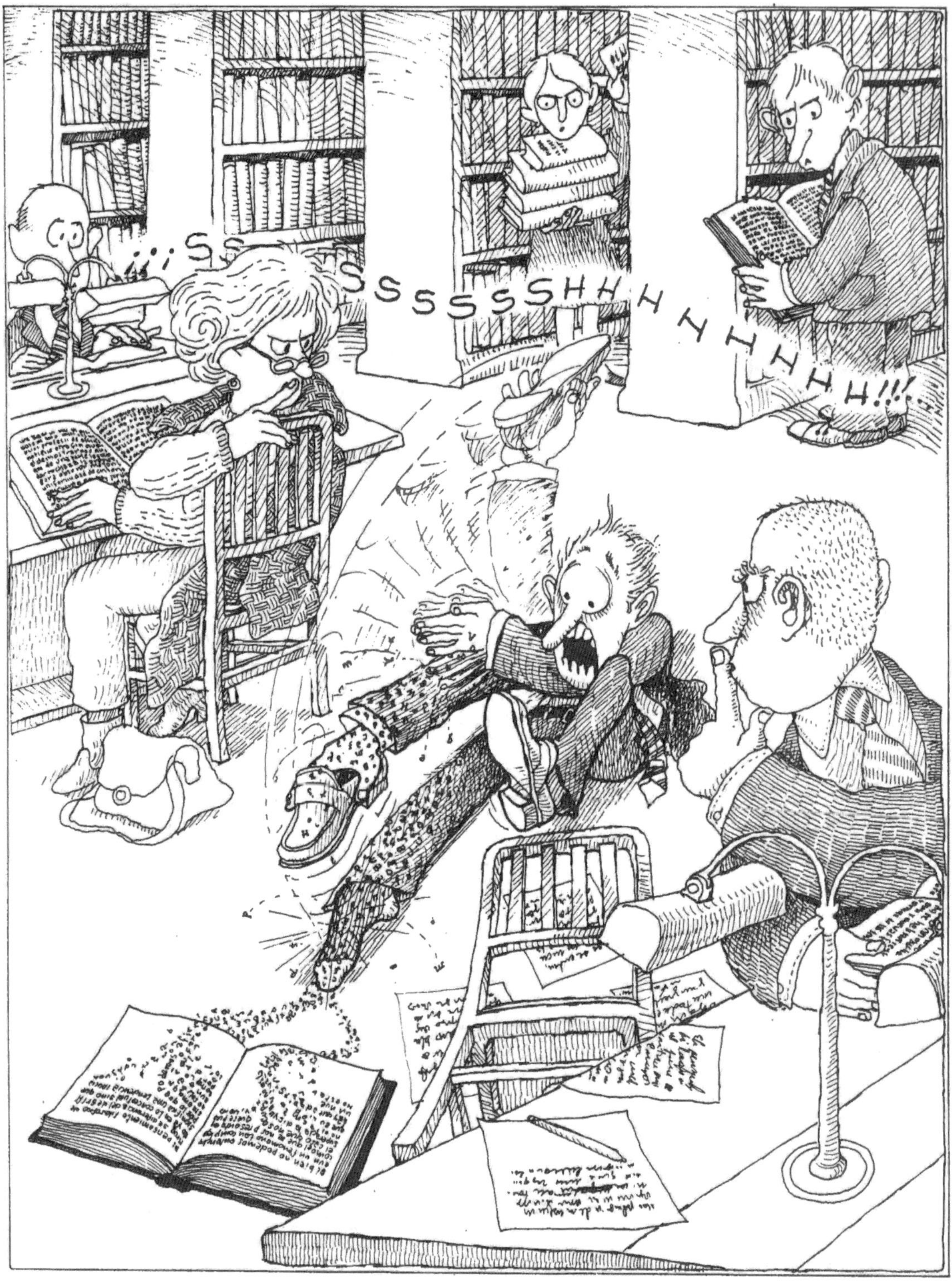
¡¡¡SSSSSSSSHHHHHHHH!!!

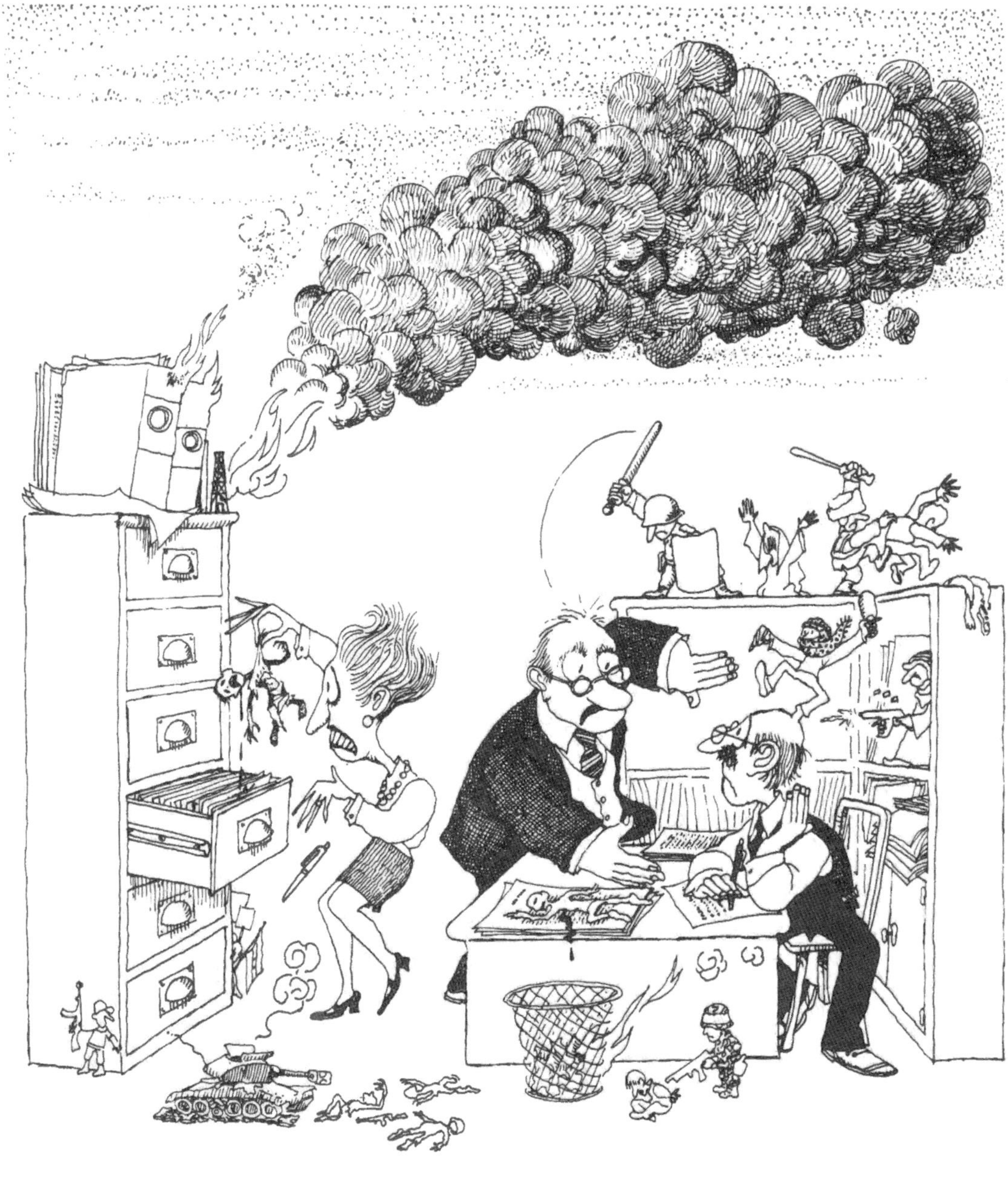

–VEA, GONZÁLEZ, **TODOS** SOMOS SENSIBLES AL IMPACTO PSICOLÓGICO DE LAS ESCENAS QUE NOCHE A NOCHE NOS MUESTRA LA TELEVISIÓN, PERO ¿PUEDO PEDIRLE QUE, POR FAVOR, TRATE DE QUE ESAS IMÁGENES NO LO ACOMPAÑEN CADA DÍA A LA OFICINA?

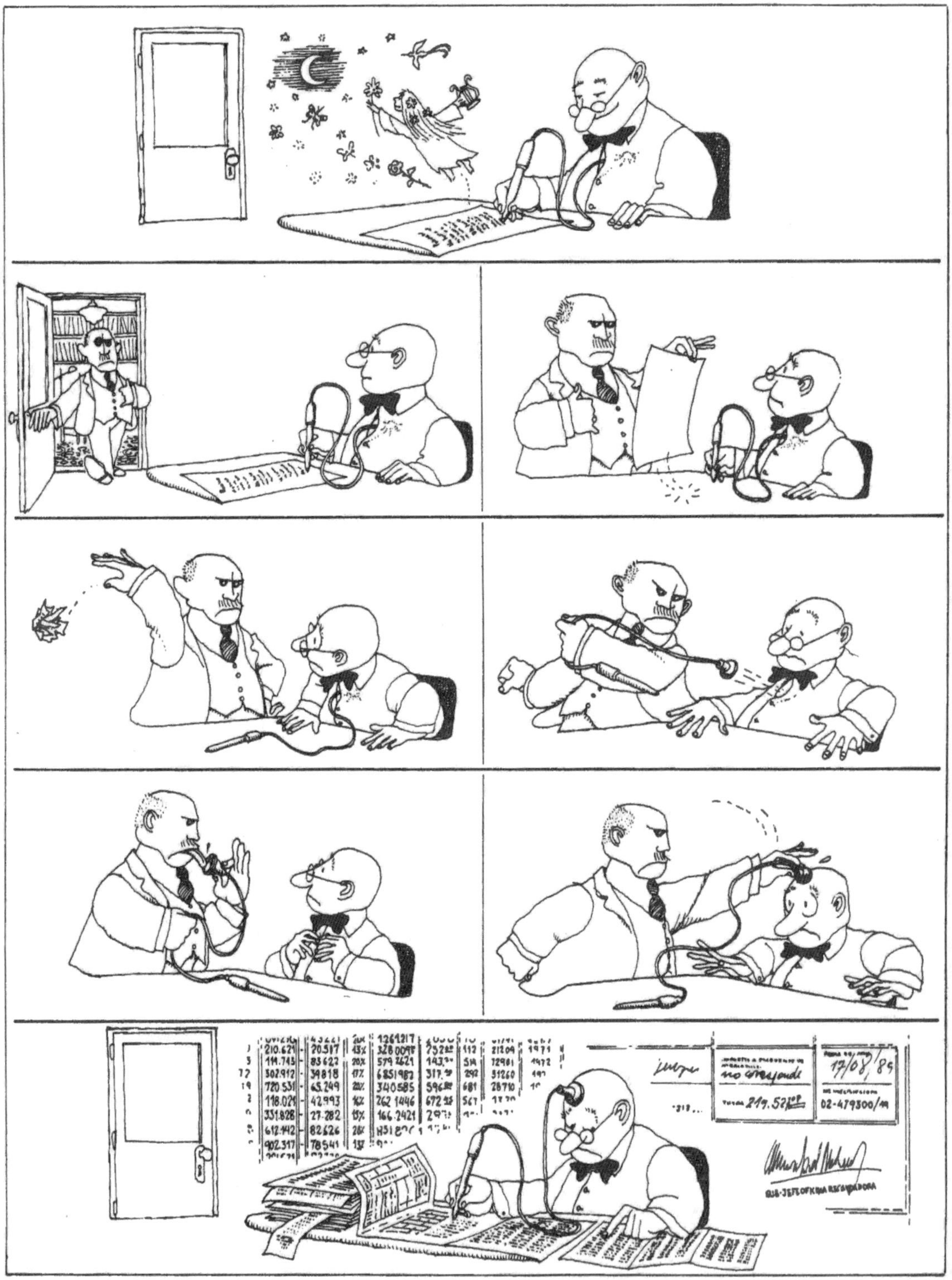

17/08/89

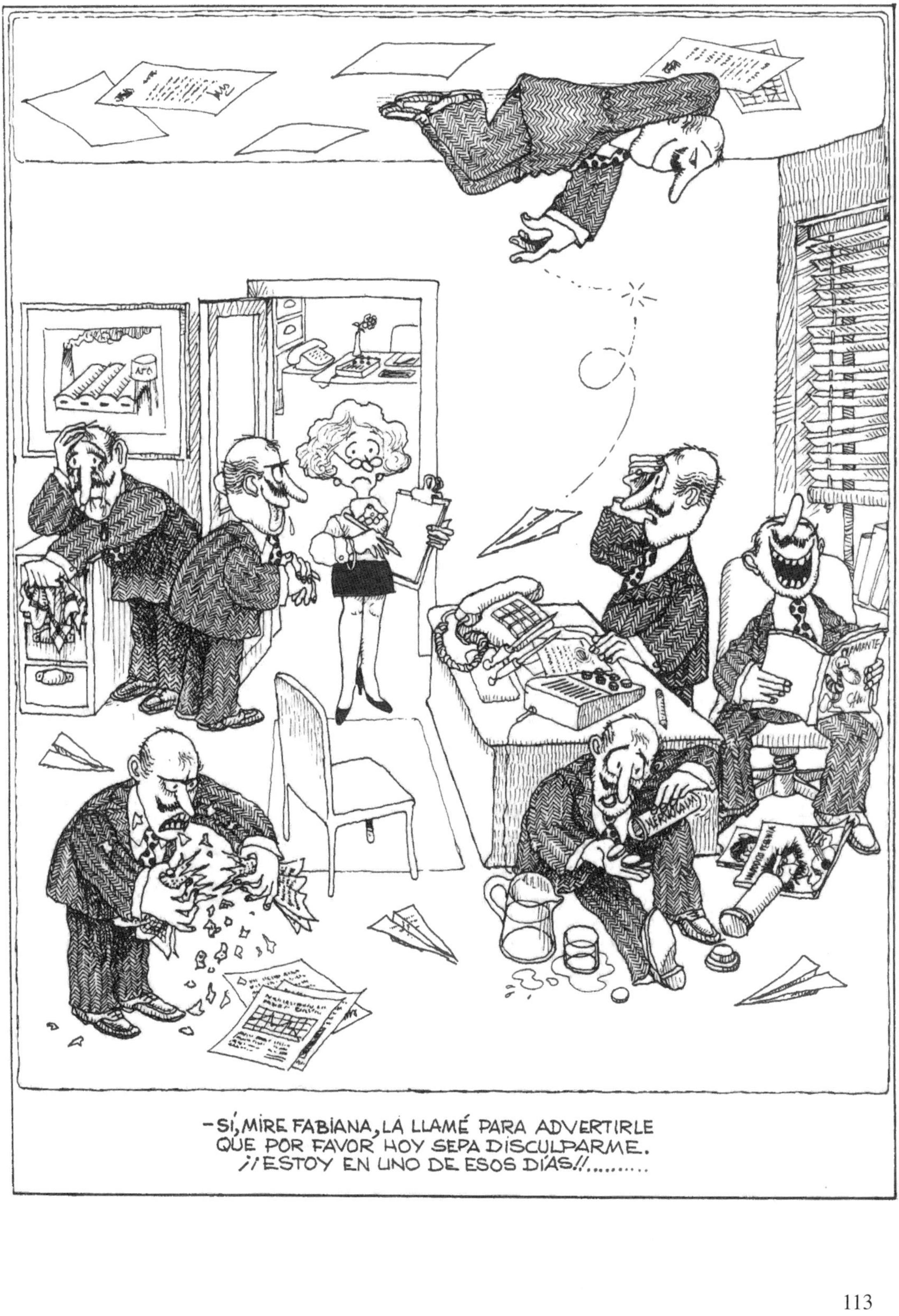

—SÍ, MIRE FABIANA, LA LLAMÉ PARA ADVERTIRLE
QUE POR FAVOR HOY SEPA DISCULPARME.
¡¡ESTOY EN UNO DE ESOS DÍAS!!.........

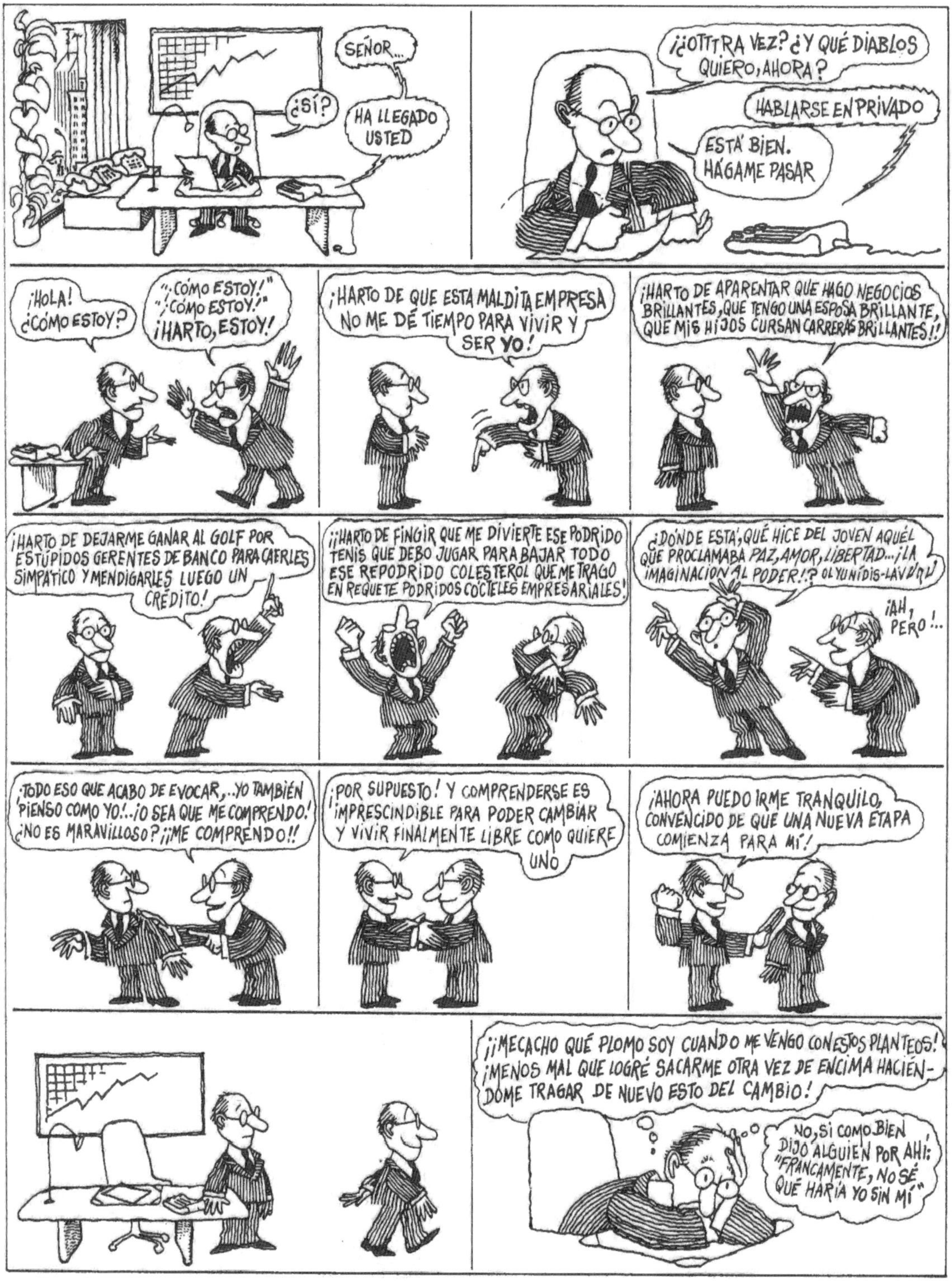
SEÑOR...
¿SÍ?
HA LLEGADO USTED
¡¿OTTTRA VEZ? ¿Y QUÉ DIABLOS QUIERO, AHORA?
HABLARSE EN PRIVADO
ESTÁ BIEN. HÁGAME PASAR
¡HOLA! ¿CÓMO ESTOY?
"¡¿CÓMO ESTOY?!" "¡¿CÓMO ESTOY?!" ¡HARTO, ESTOY!
¡HARTO DE QUE ESTA MALDITA EMPRESA NO ME DÉ TIEMPO PARA VIVIR Y SER YO!
¡HARTO DE APARENTAR QUE HAGO NEGOCIOS BRILLANTES, QUE TENGO UNA ESPOSA BRILLANTE, QUE MIS HIJOS CURSAN CARRERAS BRILLANTES!!
¡HARTO DE DEJARME GANAR AL GOLF POR ESTÚPIDOS GERENTES DE BANCO PARA CAERLES SIMPÁTICO Y MENDIGARLES LUEGO UN CRÉDITO!
¡¡HARTO DE FINGIR QUE ME DIVIERTE ESE PODRIDO TENIS QUE DEBO JUGAR PARA BAJAR TODO ESE REPODRIDO COLESTEROL QUE ME TRAGO EN REQUETE PODRIDOS CÓCTELES EMPRESARIALES!
¿DÓNDE ESTÁ, QUÉ HICE DEL JOVEN AQUÉL QUE PROCLAMABA PAZ, AMOR, LIBERTAD... ¡LA IMAGINACIÓN AL PODER!? OL YU NÍDIS-LAV
¡AH, PERO!...
¡TODO ESO QUE ACABO DE EVOCAR,.. YO TAMBIÉN PIENSO COMO YO!.. ¡O SEA QUE ME COMPRENDO! ¿NO ES MARAVILLOSO? ¡¡ME COMPRENDO!!
¡POR SUPUESTO! Y COMPRENDERSE ES IMPRESCINDIBLE PARA PODER CAMBIAR Y VIVIR FINALMENTE LIBRE COMO QUIERE UNO
¡AHORA PUEDO IRME TRANQUILO, CONVENCIDO DE QUE UNA NUEVA ETAPA COMIENZA PARA MÍ!
¡¡MECACHO QUÉ PLOMO SOY CUANDO ME VENGO CON ESTOS PLANTEOS! ¡MENOS MAL QUE LOGRÉ SACARME OTRA VEZ DE ENCIMA HACIÉNDOME TRAGAR DE NUEVO ESTO DEL CAMBIO!
NO, SI COMO BIEN DIJO ALGUIEN POR AHÍ: "FRANCAMENTE, NO SÉ QUÉ HARÍA YO SIN MÍ"

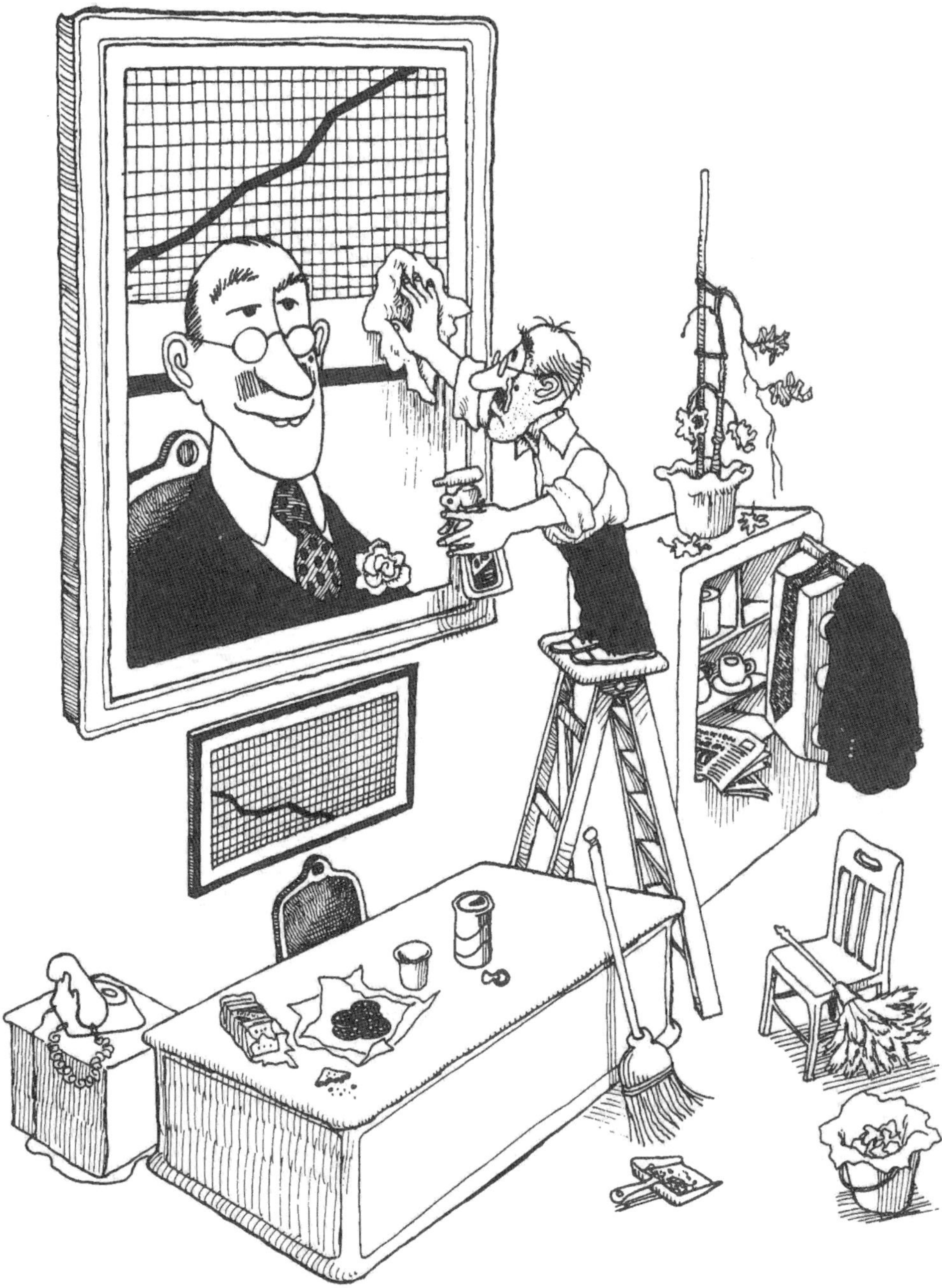

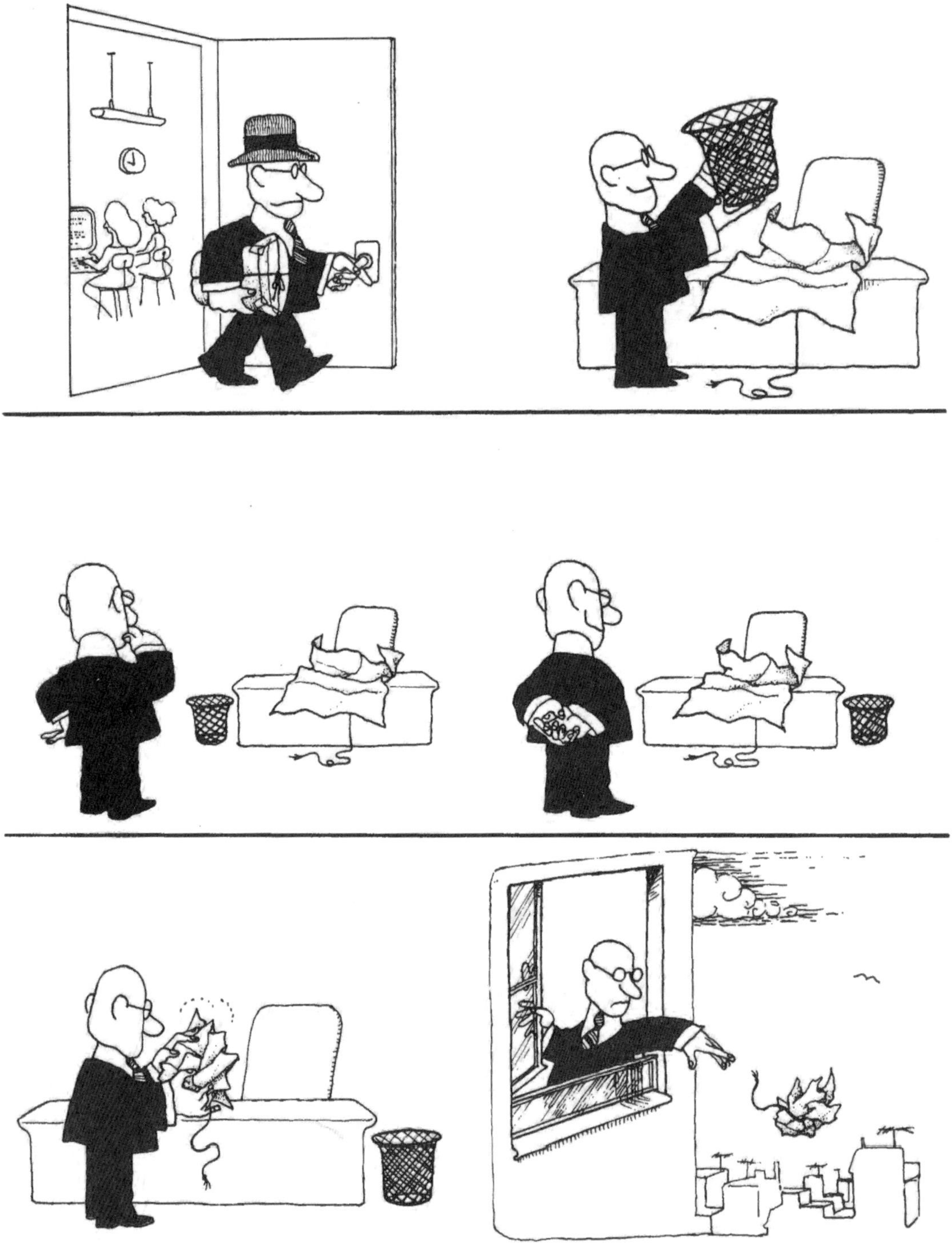

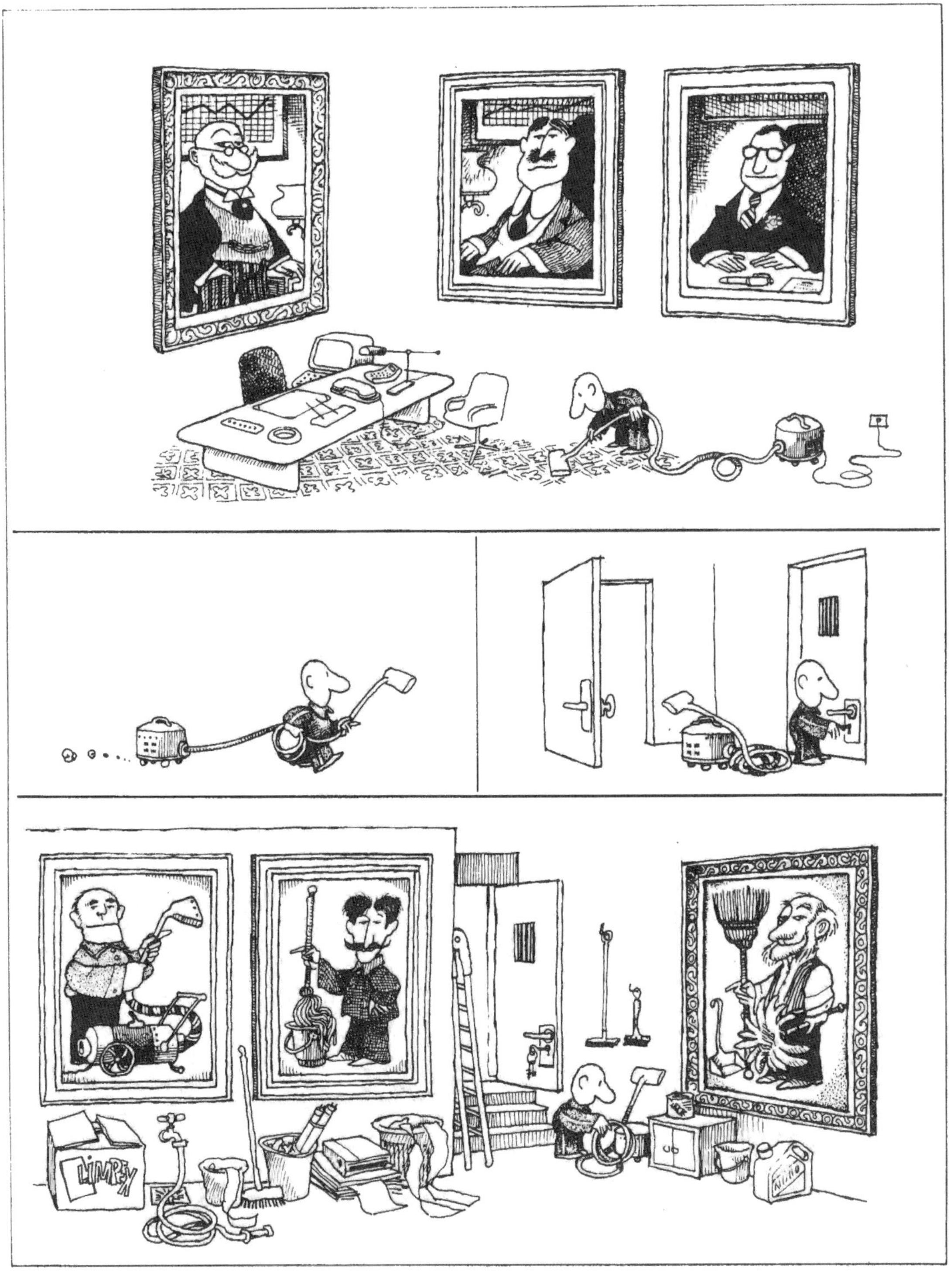
LIMPEX

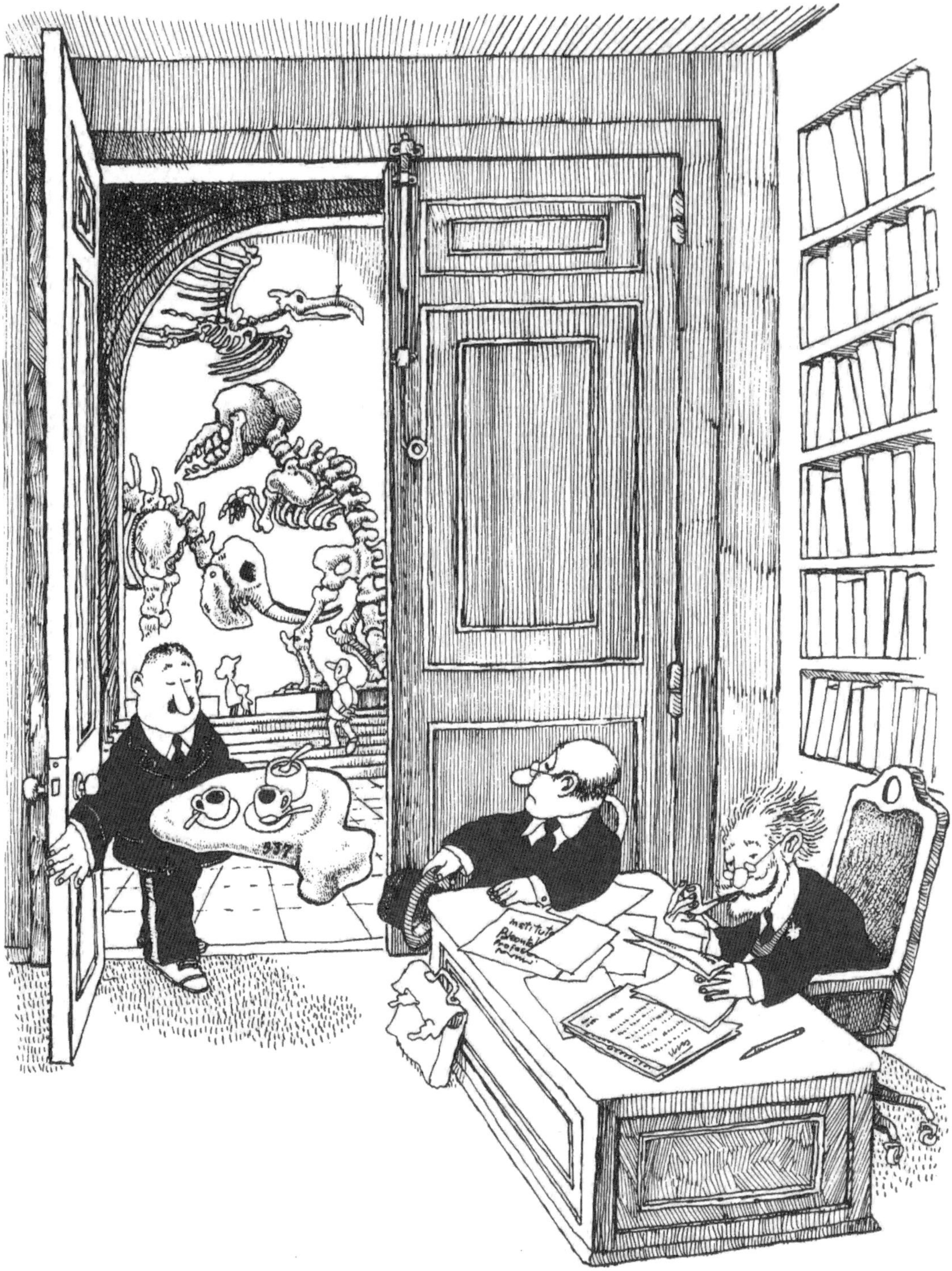

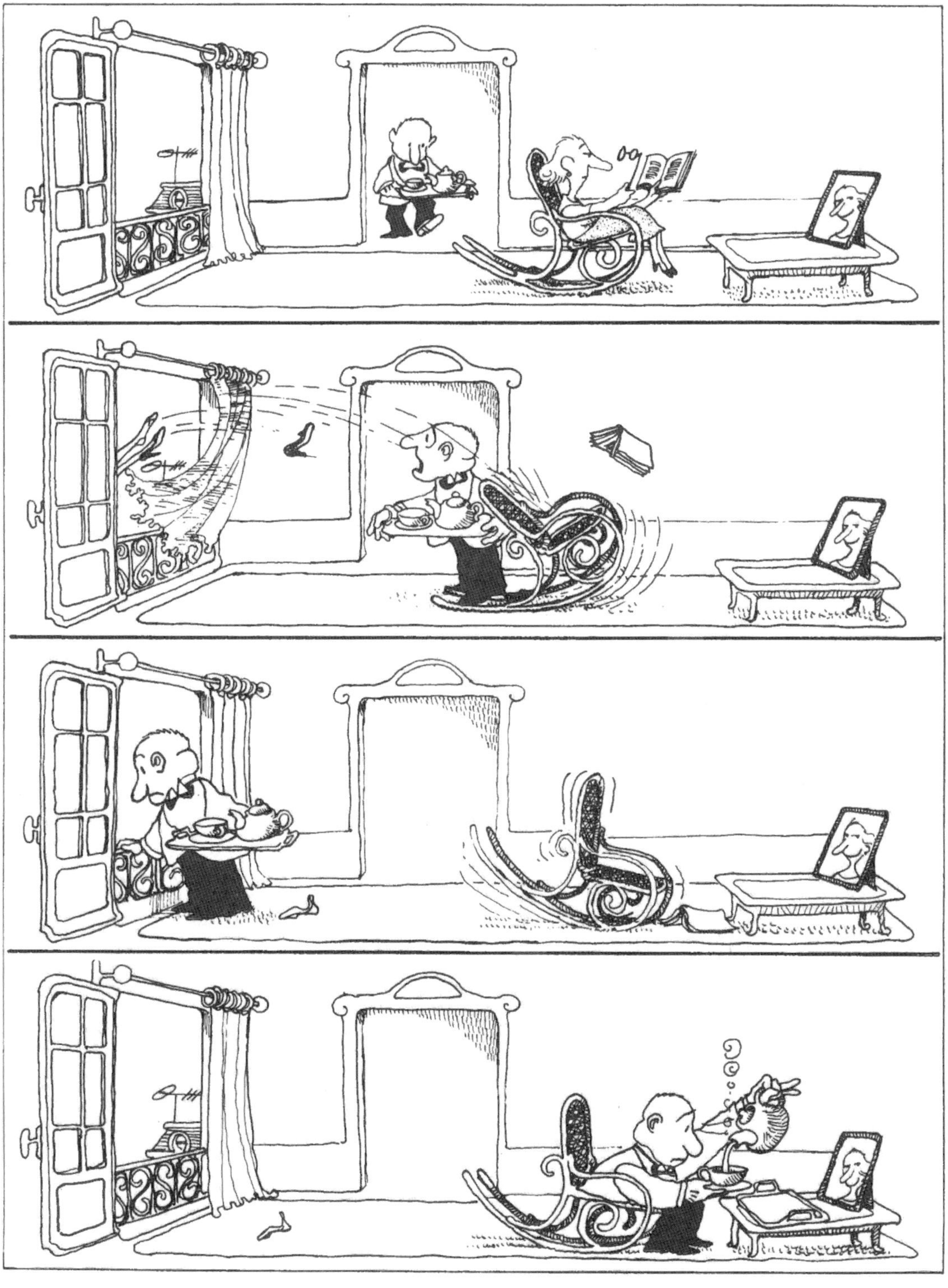

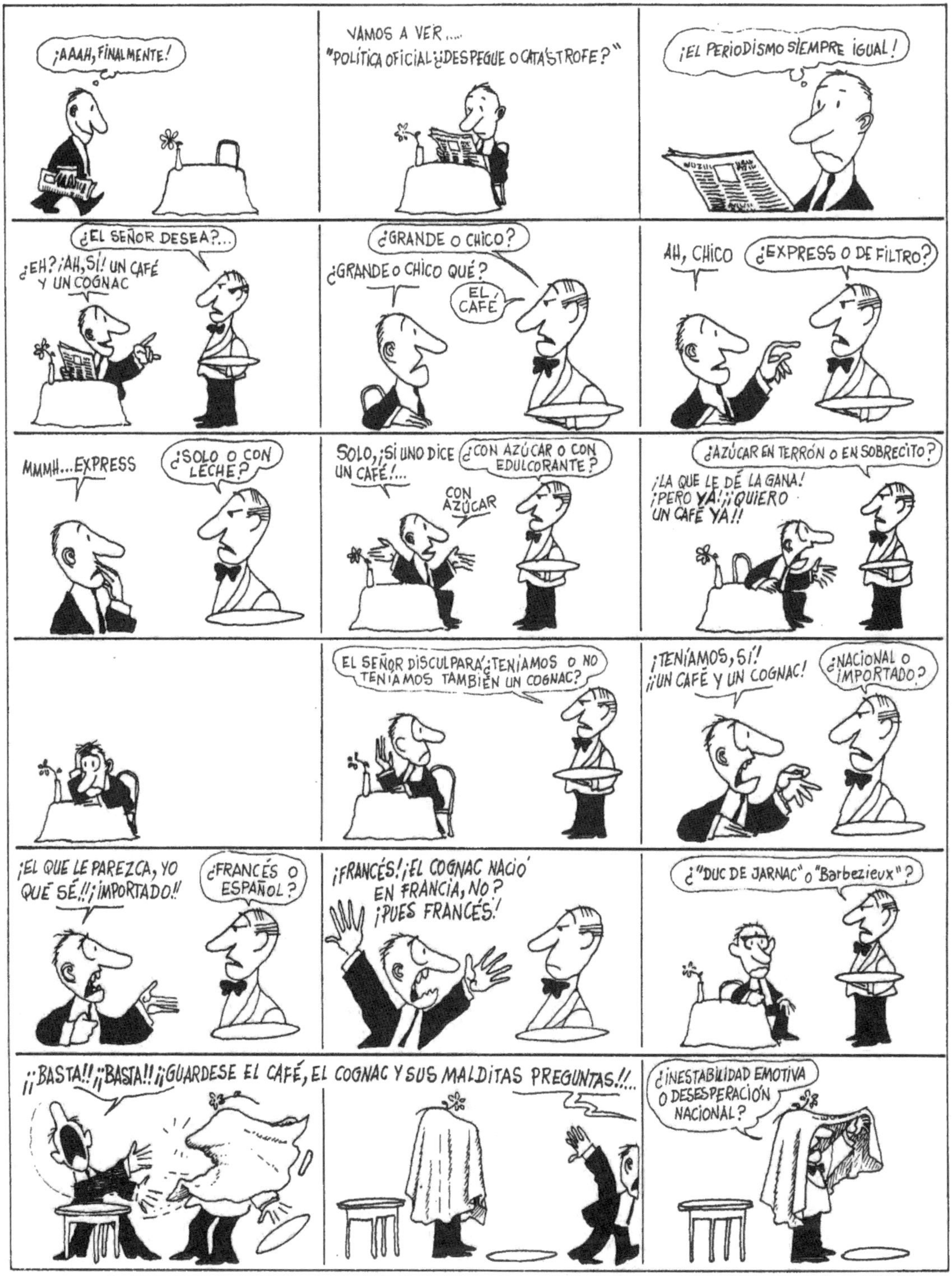
¡AAAH, FINALMENTE!
VAMOS A VER.....
"POLÍTICA OFICIAL ¿DESPEGUE O CATÁSTROFE?"
¡EL PERIODISMO SIEMPRE IGUAL!
¿EL SEÑOR DESEA?...
¿EH? ¡AH, SÍ! UN CAFÉ Y UN COGNAC
¿GRANDE O CHICO?
¿GRANDE O CHICO QUÉ?
EL CAFÉ
AH, CHICO
¿EXPRESS O DE FILTRO?
MMMH...EXPRESS
¿SOLO O CON LECHE?
SOLO, ¡SI UNO DICE UN CAFÉ!...
¿CON AZÚCAR O CON EDULCORANTE?
CON AZÚCAR
¿AZÚCAR EN TERRÓN O EN SOBRECITO?
¡LA QUE LE DÉ LA GANA! ¡PERO YA! ¡¡QUIERO UN CAFÉ YA!!
EL SEÑOR DISCULPARÁ ¿TENÍAMOS O NO TENÍAMOS TAMBIÉN UN COGNAC?
¡TENÍAMOS, SÍ! ¡¡UN CAFÉ Y UN COGNAC!
¿NACIONAL O IMPORTADO?
¡EL QUE LE PAREZCA, YO QUÉ SÉ!! ¡IMPORTADO!!
¿FRANCÉS O ESPAÑOL?
¡FRANCÉS! ¡EL COGNAC NACIÓ EN FRANCIA, NO? ¡PUES FRANCÉS!
¿"DUC DE JARNAC" o "Barbezieux"?
¡¡BASTA!! ¡¡BASTA!! ¡¡GUARDESE EL CAFÉ, EL COGNAC Y SUS MALDITAS PREGUNTAS!!...
¿INESTABILIDAD EMOTIVA O DESESPERACIÓN NACIONAL?

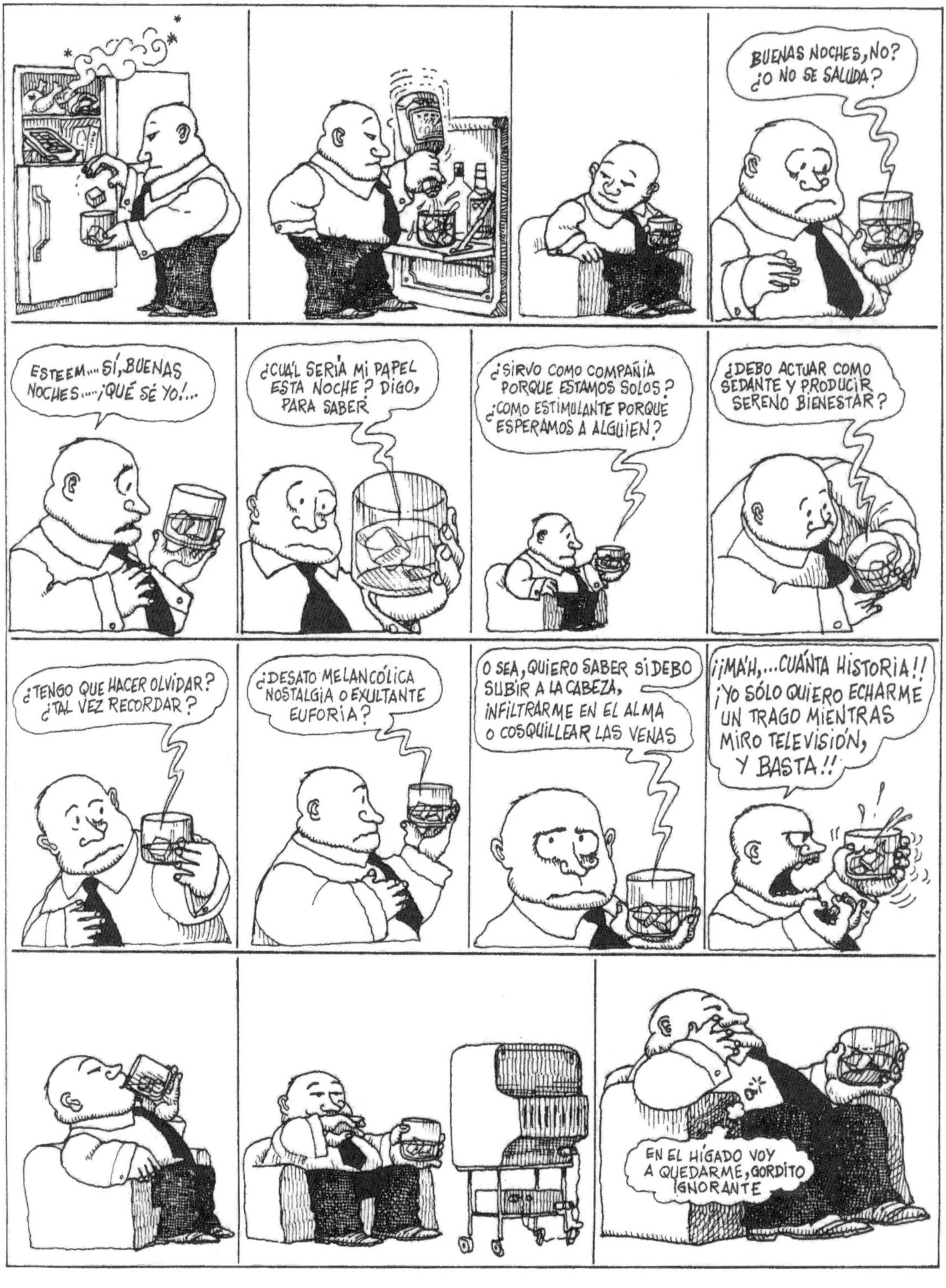
BUENAS NOCHES, NO? ¿O NO SE SALUDA?
ESTEEM... SÍ, BUENAS NOCHES... ¡QUÉ SÉ YO!...
¿CUÁL SERÍA MI PAPEL ESTA NOCHE? DIGO, PARA SABER
¿SIRVO COMO COMPAÑÍA PORQUE ESTAMOS SOLOS? ¿COMO ESTIMULANTE PORQUE ESPERAMOS A ALGUIEN?
¿DEBO ACTUAR COMO SEDANTE Y PRODUCIR SERENO BIENESTAR?
¿TENGO QUE HACER OLVIDAR? ¿TAL VEZ RECORDAR?
¿DESATO MELANCÓLICA NOSTALGIA O EXULTANTE EUFORIA?
O SEA, QUIERO SABER SI DEBO SUBIR A LA CABEZA, INFILTRARME EN EL ALMA O COSQUILLEAR LAS VENAS
¡¡MA'H,...CUÁNTA HISTORIA!! ¡YO SÓLO QUIERO ECHARME UN TRAGO MIENTRAS MIRO TELEVISIÓN, Y BASTA!!
EN EL HÍGADO VOY A QUEDARME, GORDITO IGNORANTE

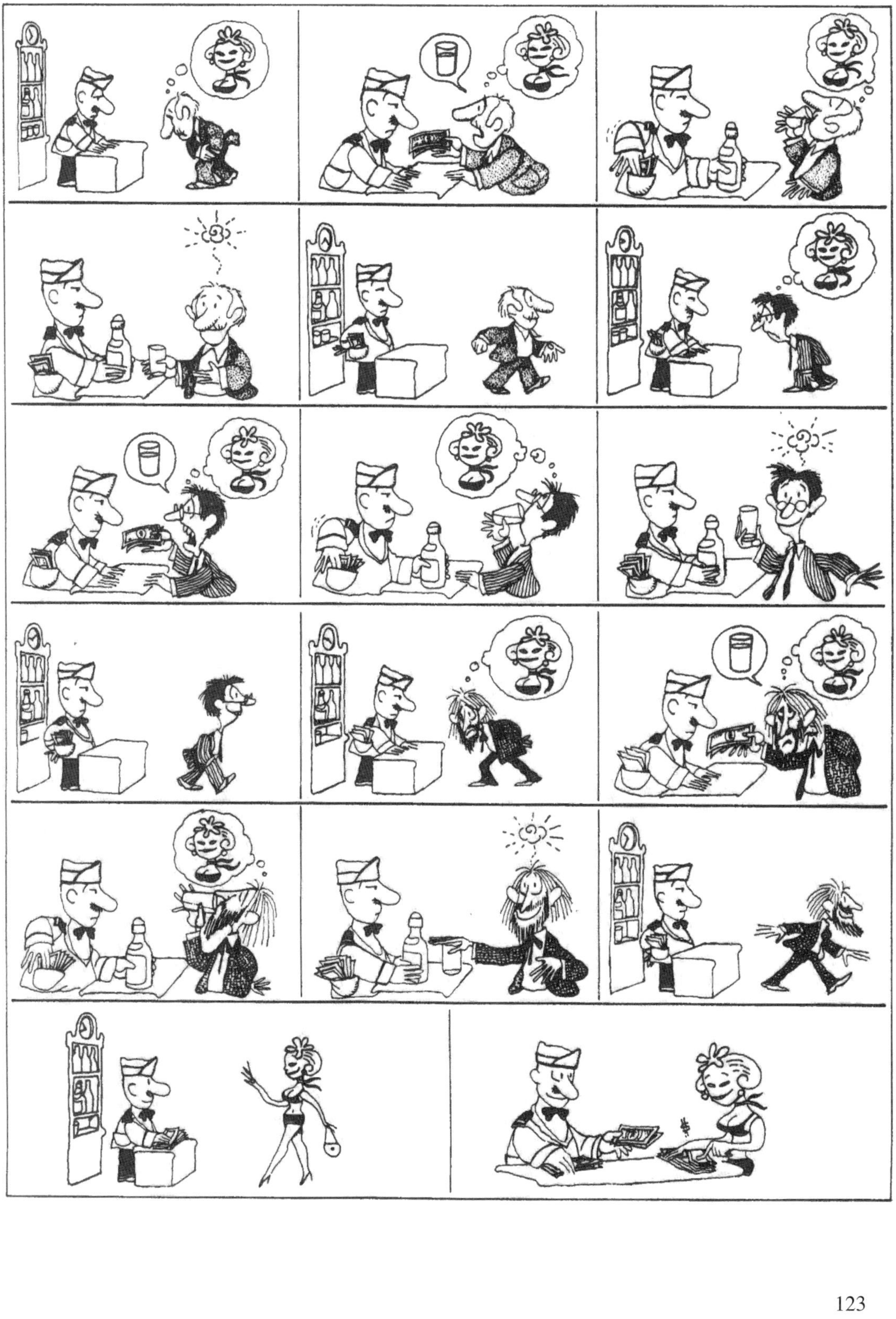

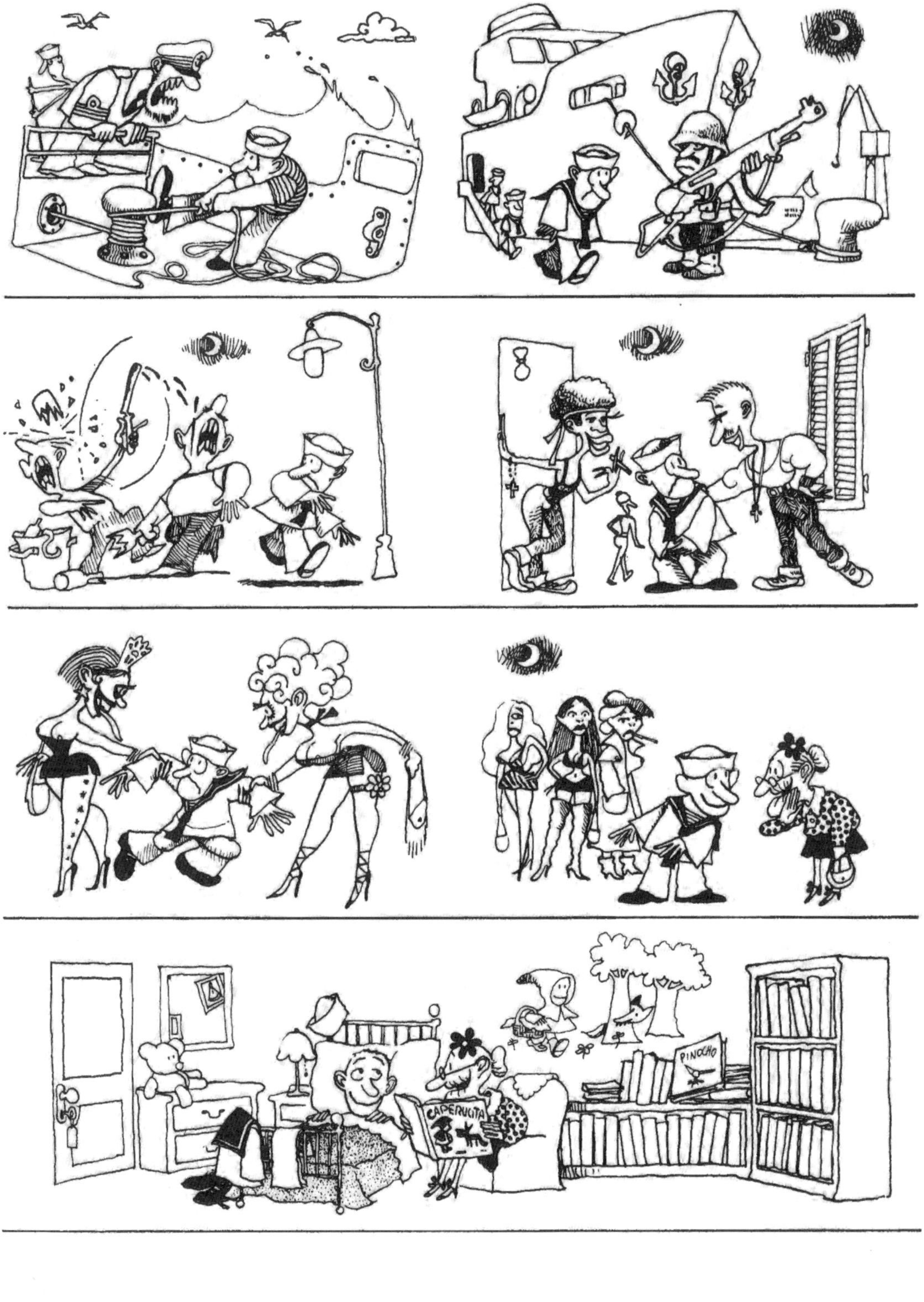
PINOCHO
CAPERUCITA

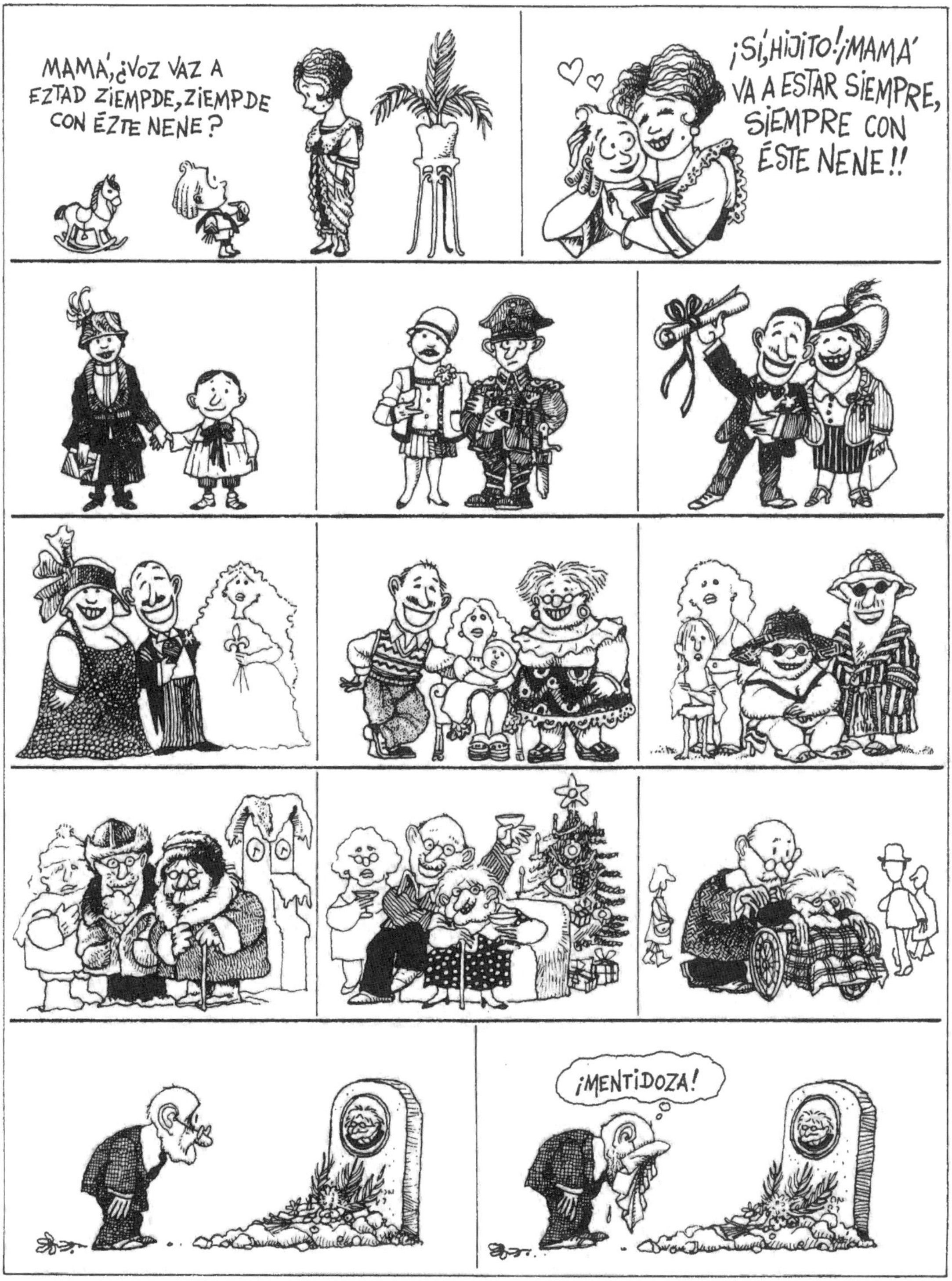
MAMÁ, ¿VOZ VAZ A EZTAD ZIEMPDE, ZIEMPDE CON ÉZTE NENE?
¡SÍ, HIJITO! ¡MAMÁ VA A ESTAR SIEMPRE, SIEMPRE CON ÉSTE NENE!!
¡MENTIDOZA!

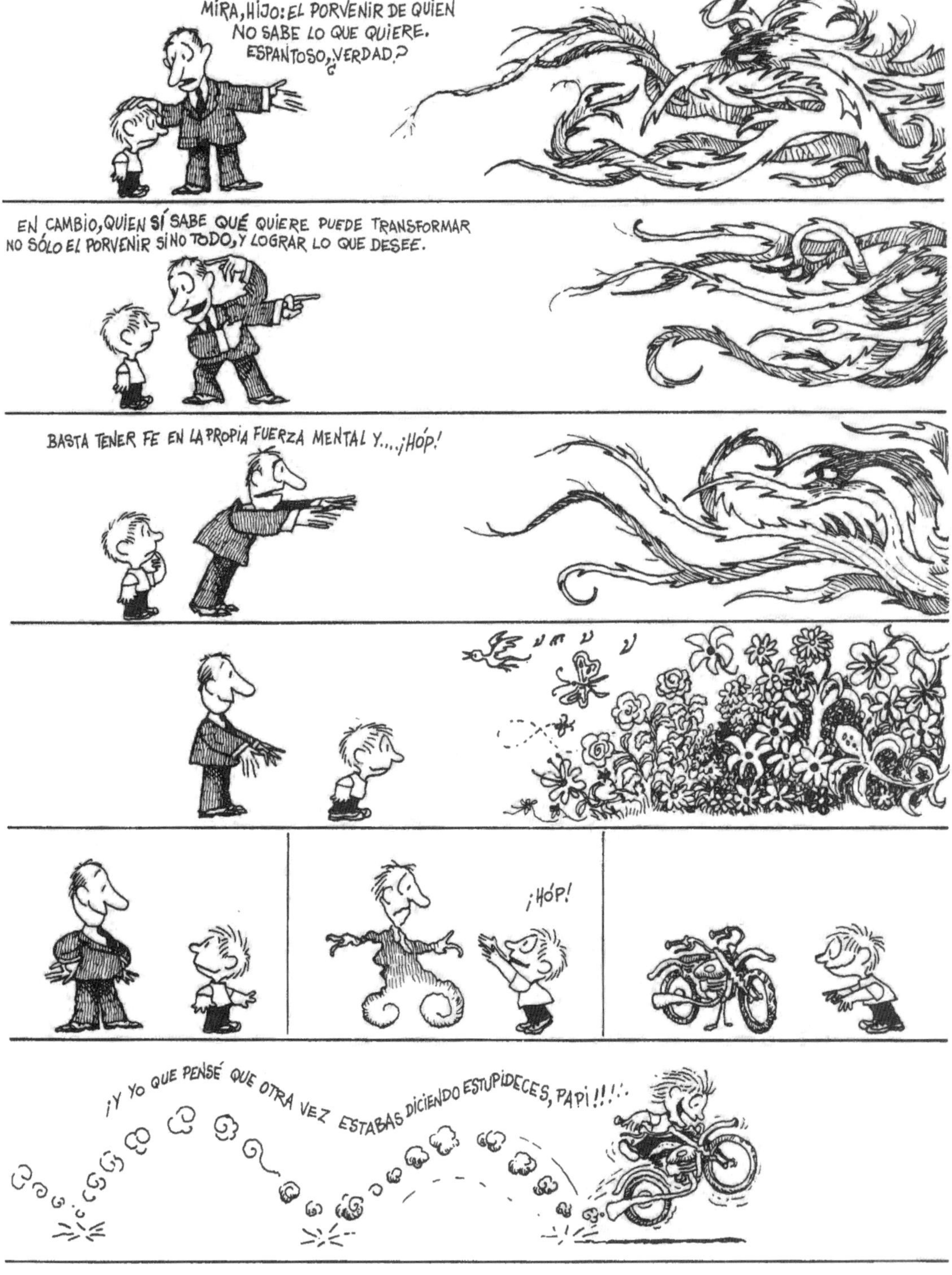
MIRA, HIJO: EL PORVENIR DE QUIEN NO SABE LO QUE QUIERE. ESPANTOSO, ¿VERDAD?
EN CAMBIO, QUIEN SÍ SABE QUÉ QUIERE PUEDE TRANSFORMAR NO SÓLO EL PORVENIR SINO TODO, Y LOGRAR LO QUE DESEE.
BASTA TENER FE EN LA PROPIA FUERZA MENTAL Y... ¡HÓP!
¡HÓP!
¡Y YO QUE PENSÉ QUE OTRA VEZ ESTABAS DICIENDO ESTUPIDECES, PAPI!!!

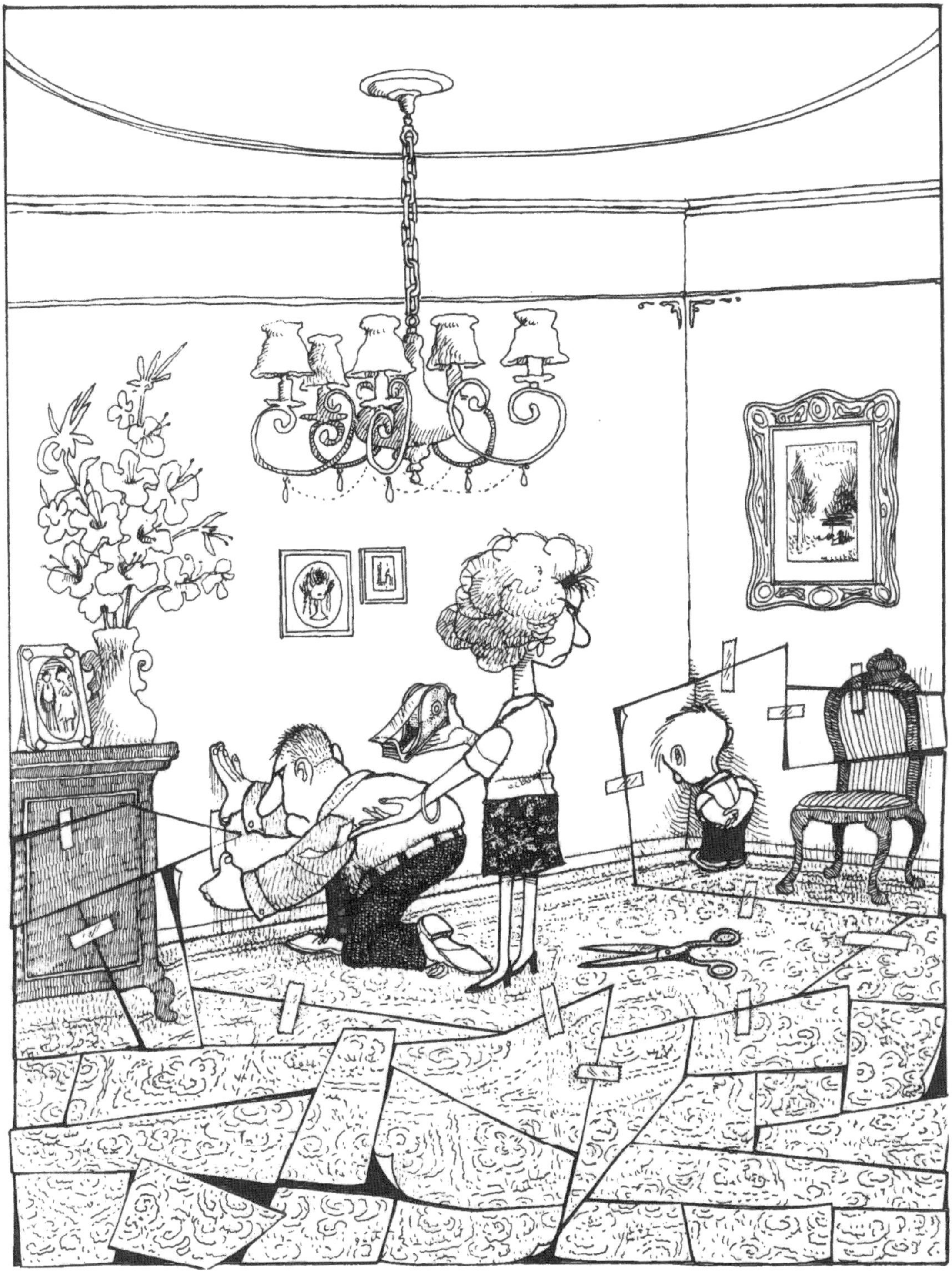

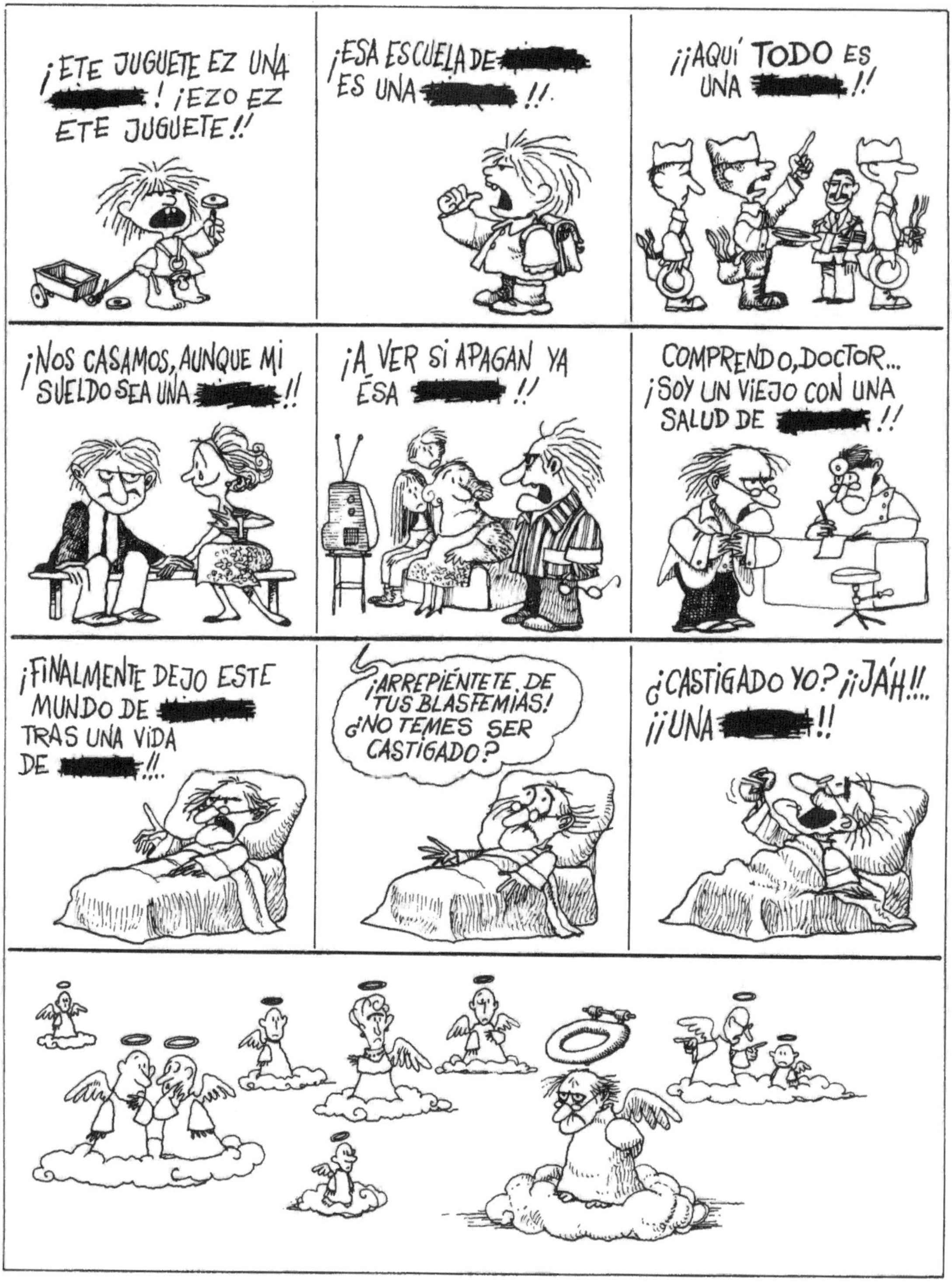

¡ETE JUGUETE EZ UNA [redacted]! ¡EZO EZ ETE JUGUETE!!
¡ESA ESCUELA DE [redacted] ES UNA [redacted]!!
¡¡AQUÍ TODO ES UNA [redacted]!!
¡NOS CASAMOS, AUNQUE MI SUELDO SEA UNA [redacted]!!
¡A VER SI APAGAN YA ÉSA [redacted]!!
COMPRENDO, DOCTOR... ¡SOY UN VIEJO CON UNA SALUD DE [redacted]!!
¡FINALMENTE DEJO ESTE MUNDO DE [redacted] TRAS UNA VIDA DE [redacted]!!...
¡ARREPIÉNTETE DE TUS BLASFEMIAS! ¿NO TEMES SER CASTIGADO?
¿CASTIGADO YO? ¡¡JÁH!!... ¡¡UNA [redacted]!!

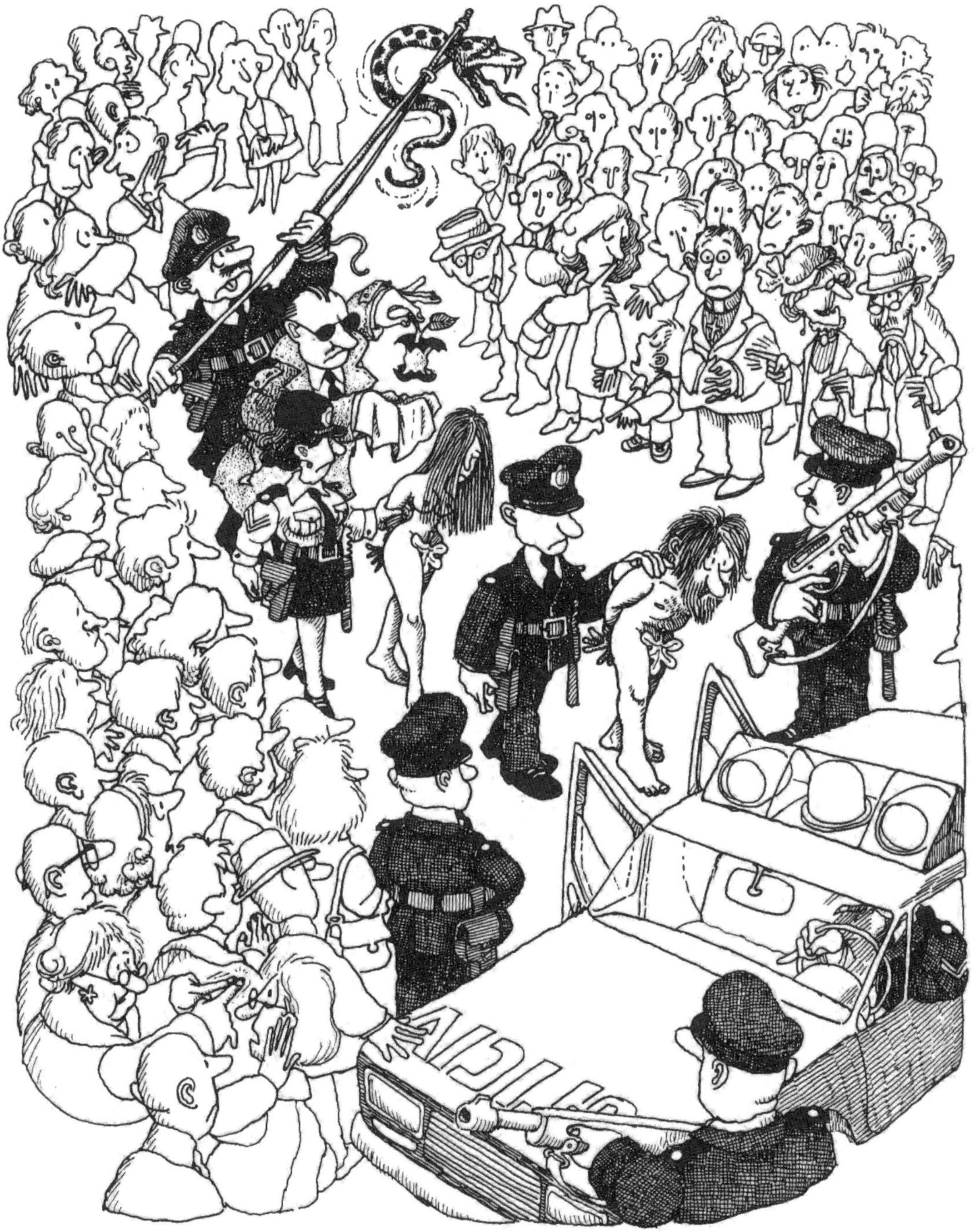

Joaquín Lavado, **Quino**, nació el 17 de julio de 1932 en Mendoza, Argentina, en el seno de una familia de emigrantes andaluces. Descubrió su vocación como dibujante a los tres años. En 1954 publica su primera página de chistes en el semanario bonaerense *Esto es*. En 1964, su personaje Mafalda comienza a aparecer con regularidad en el semanario *Primera Plana*. El éxito de sus historietas le brinda la oportunidad de publicar en el diario nacional *El Mundo* y será el detonante del boom editorial que se extenderá por todos los países de lengua castellana. Tras la desaparición de *El Mundo* y un año de ausencia, Mafalda regresa a la prensa gracias al semanario *Siete Días* en 1968, y en 1970 llega a España de la mano de Esther Tusquets y de la editorial Lumen. En 1973 Mafalda y sus amigos se despiden para siempre de sus lectores. Se han instalado esculturas del personaje en Buenos Aires, Oviedo y Mendoza. Lumen ha publicado los once tomos recopilatorios de viñetas de Mafalda, numerados de 0 a 10, y también en un único volumen —*Mafalda. Todas las tiras* (2011)—, así como las viñetas que permanecían inéditas y que integran junto al resto el libro *Todo Mafalda*, publicado con ocasión del cincuenta aniversario del personaje, y las recopilaciones *Mafalda. Femenino singular* (2018), *Mafalda. En esta familia no hay jefes* (2019), *El amor según Mafalda* (2020), *La filosofía de Mafalda* (2021), *Mafalda presidenta* (2022) y *Mafalda para niñas y niños* (2023). También han aparecido en Lumen los libros de viñetas humorísticas del dibujante, entre los que destacan *Mundo Quino* (2008), *Quinoterapia* (2008), *Simplemente Quino* (2016), el volumen recopilatorio *Esto no es todo* (2008) y *Quino inédito* (2023).

Quino ha logrado tener una gran repercusión en todo el mundo, sus libros han sido traducidos a más de veinte lenguas y dialectos (los más recientes son el armenio, el búlgaro, el hebreo, el polaco y el guaraní), y ha sido galardonado con premios tan prestigiosos como el Príncipe de Asturias de Comunicación y Humanidades y el B'nai B'rith de Derechos Humanos. Quino murió en Mendoza el 30 de septiembre de 2020.

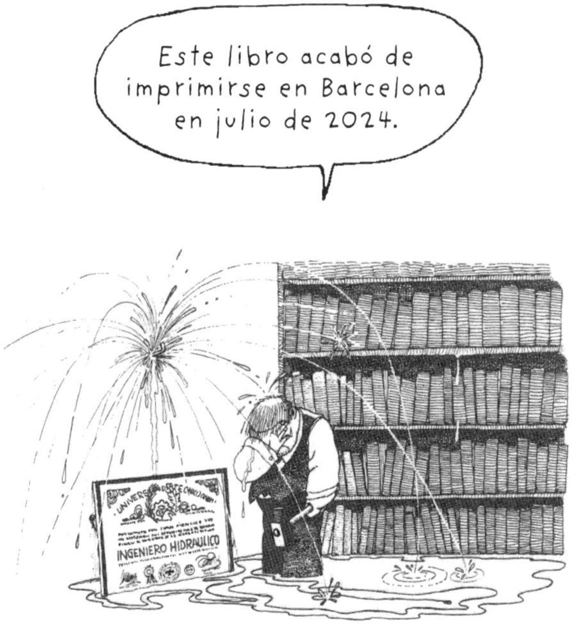
Este libro acabó de imprimirse en Barcelona en julio de 2024.
INGENIERO HIDRAULICO